30日でスキニーデニムの似合う私になる

運動指導者
森 拓郎

目指すのは、昼間が似合う脚。

夜が似合う脚の女性はわりといるけれど、今すぐにでも駆け出せそうな、昼間の似合う脚には、なかなか出会えない。長さ・太さは関係ない。引き締まったヘルシー脚こそ、デニムの似合う脚だと思う。

鏡の中の自分に
OKを出せる姿でいること。

すると、1日のスタートが気持ちいい。
それが、〝ちょっといい日〟の始まりだったりする。

美しさの基準は、人それぞれ。
人から褒められるためじゃなくて、

自分が納得するためのボディメイクを、
大切にしたい。

Moritaku theory 01

似合う服を探すより、似合う自分に変えてしまえ。

朝、着ていく服を選ぶ時、
鏡の中の自分にOKを出せていますか?
「なんか似合わないな……」とか、
「太って見えるかな」とか、
鏡の中の自分をごまかしながら、
コーディネイトに時間とお金を費やす女性も多いと思います。
自分を輝かせてくれる服や靴を探して散財するより、
ここらでひとつ、自分自身を変えてしまうのはどうですか?
ファッションは、諸行無常。
時代が変われば、投資したデニムも、
清水買いしたワンピースも、
いつかはお払い箱になる日を迎えます。
でも、ボディメイクは、あなたの魅力を支え続けます。
「スタイルは、センスを凌《りょう》駕《が》する」という事実は変わらないからです。

脚は、あなたが想像する以上に、“根性いらず”で変えられる。

「筋トレが大事って頭ではわかっているけれど、
いざやろうと思うとめんどくさい」
というのが、皆さんの本音だと思います。
確かに、筋トレは、しんどいばかりで
気持ちよさを感じにくいため、続けにくい。
では、気持ちよいと感じる
「ストレッチ」だったら、どうですか？
ストレッチで、ボディメイクはできないと
思っていませんか。それはNOです。
「伸ばしながら、鍛える」
この一挙両得のメソッドが、
本書には詰まっています。

Moritaku theory 02

30日で
スキニーデニムの

あなたの人生にとって、
今日が一番若い日。
つまり、今日が一番ヤセやすい日です。
ストレッチを続けた30日後の自分と、
このまま、何もしなかった自分。
どちらを選ぶかは、あなたの自由です。
でも、前者には、
「まったく何も変わらなかった」
という結果は待っていません。

似合う私になる

Contents

Part 2

LEVEL UP

体は変えられる
だからエクササイズはおもしろい。

高橋メアリージュンとトレーニングを始めて早８年。
モデルを中心として活躍していた頃の彼女は
しなやかなボディラインをつくることが目的でした。
しかし、大変な病気を抱えながらも、仕事に対して
ひたむきに向き合い、女優へとステージを変え、
見せる体から、使える体へとシフトチェンジ。
素直で従順ゆえに、みるみる体は変わっていきました。
とはいえ決して一朝一夕ではありません。
長時間かけて筋肉をほぐしたこともあれば、
急激に変化を遂げた時期もありました。
体っておもしろい、それを実感させてくれたメアリーと
本をつくれること、これは僕たちのやってきた軌跡でもあり、
結果を出せた証明でもあります。

Message from
森 拓郎

運動指導者

森拓郎

×

女優・モデル

高橋メアリージュン

Message from
高橋メアリージュン

夢を叶えるために
遠回りだと思っていたことが
案外近道だったりもする。

モデルの誰もが美脚だと思われがちです。当然、ある一定のラインはクリアしていますが、その中でもずば抜けて脚がキレイだと一目置かれる人がいます。同時に、誰もがコンプレックスを抱えています。もちろん私もその一人……。

太ももの前がハリ出していて、イメージ通りのパンツスタイルに見えなかったり、硬い背中のせいで、しなやかな動きができなかったり。

こんな私が変わったのは、森拓郎さんというトレーナーに出会ってからでした。トレーニング以前に、体の正しい使い方を教えてもらい、体をじっくりほぐすことで、だんだん理想の体、脚へと近づいています。地味で簡単なトレーニングでは、もっとハードに早く結果を出したいと思ったこともありました。でも実はこの地道さこそが、理想に近づく一番の近道だったことを今は実感しています。

頑張って続けたら、必ず結果は出る！　月並みだけれど、答えは案外シンプルです。

美脚への最短ルートは
「筋トレ」ではない。

正しいポジションに戻す
「ストレッチ」である。

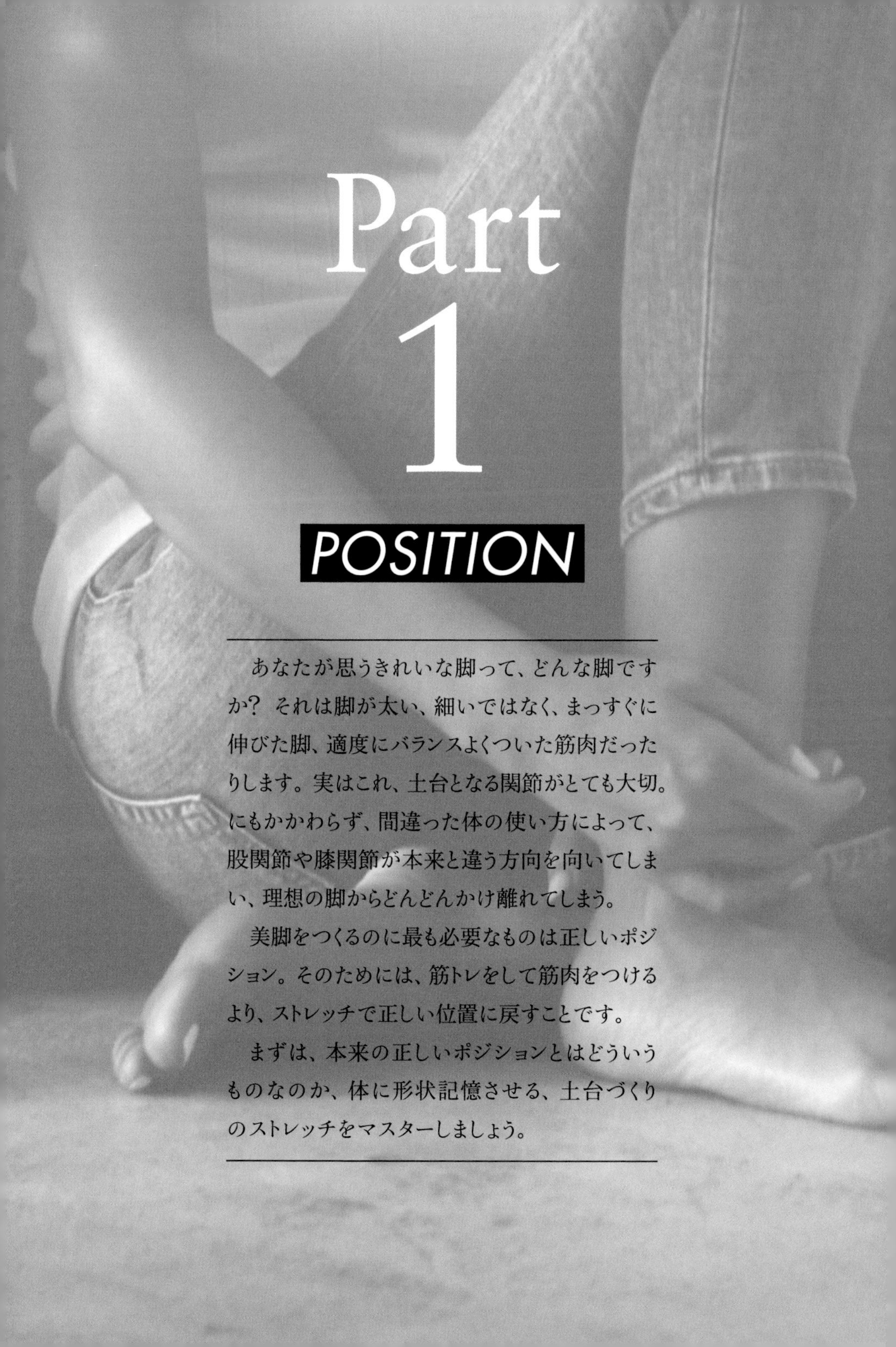

Part 1

POSITION

あなたが思うきれいな脚って、どんな脚ですか？ それは脚が太い、細いではなく、まっすぐに伸びた脚、適度にバランスよくついた筋肉だったりします。実はこれ、土台となる関節がとても大切。にもかかわらず、間違った体の使い方によって、股関節や膝関節が本来と違う方向を向いてしまい、理想の脚からどんどんかけ離れてしまう。

美脚をつくるのに最も必要なものは正しいポジション。そのためには、筋トレをして筋肉をつけるより、ストレッチで正しい位置に戻すことです。

まずは、本来の正しいポジションとはどういうものなのか、体に形状記憶させる、土台づくりのストレッチをマスターしましょう。

POSITION 01

正しいポジションこそが美脚をつくる。

体本来の使い方を知れば土偶体型はみるみる変わる。

下半身太りのほとんどがたくましい「外ハリ脚」

女性の誰もが憧れる美脚は、決して細いだけではありません。筋肉がバランスよくついて、まっすぐでヘルシーな脚。私はO脚だから仕方ない、学生時代にスポーツばかりしていたから筋肉質の太い脚は美脚とは程遠い……と美脚になることへの努力を放棄している人も少なくないでしょう。しかし、「諦めるにはまだ早い！」と声を大にして言いたい。最大限、自分のポテンシャルを引き出して、美脚ラインをつくることは、誰でもできるのです。

ところで、なぜ太ももの前や外側、ふくらはぎだけがハリ出した脚になってしまうのか……。それは、ずばり関節と筋肉の〝ゆがみ〟が原因です。ゆがみとは、日常生活の中での歩き方や座り方などの体の使い方や、長年、続けてきたスポーツなどの動きに起因するところが大きいのです。つまり長い年月をかけてゆがんでしまい、理想的ではない脚への道をまっしぐらに突き進んできたのです。

たとえば、合わないハイヒールを履いて歩くことで股関節や膝関節がゆがんで、使わなくてもいい筋肉で体を支えることになります。すると、その筋肉ばかりが発達します。そして、太ももの前が大きくハリ出したり、ししゃものようなふくらはぎになったりします。

また、テニスやバスケットなど、重心を落として行うスポーツをしていた人も股関節や骨盤にゆがみが出やすく、太ももの外側がハリ出したラインに悩んでいる人も多くいます。こうしたゆがみを矯正して、関節や筋肉を正しいポジションにすることが美脚への近道なのです。

間違った体の使い方をしていると、つくはずのないところに筋肉がつき、その上に脂肪がつきます。つまり、不要な筋肉を土台に着ぶくれしている状態。

そしてこれが悲しいかな、土偶のような下半身太り体型をつくってしまうのです。

POSITION 02

デニムの似合う脚かどうかは、「膝」と「くるぶし」でわかる。あなたの「外ハリ脚」チェック！

「膝の内側」「内くるぶし」がくっつかないなら、ゆがみがある証拠

では、さっそくどこがゆがんで脚が太く見えるのかをチェックします。

チェックの方法は簡単です。**脚を揃えてまっすぐに立ってみましょう。この時、鏡を使って膝の内側、内くるぶしがくっつくかどうかをチェックします。**

どちらもくっつくのは美脚に近い人。膝の内側、もしくは内くるぶしのどちらかはくっつく人、膝もくるぶしもくっつくのに、ふくらはぎがバナナのようにカーブしている人の3タイプに分かれます。

Position Check
膝とくるぶし
くっつけられてる？

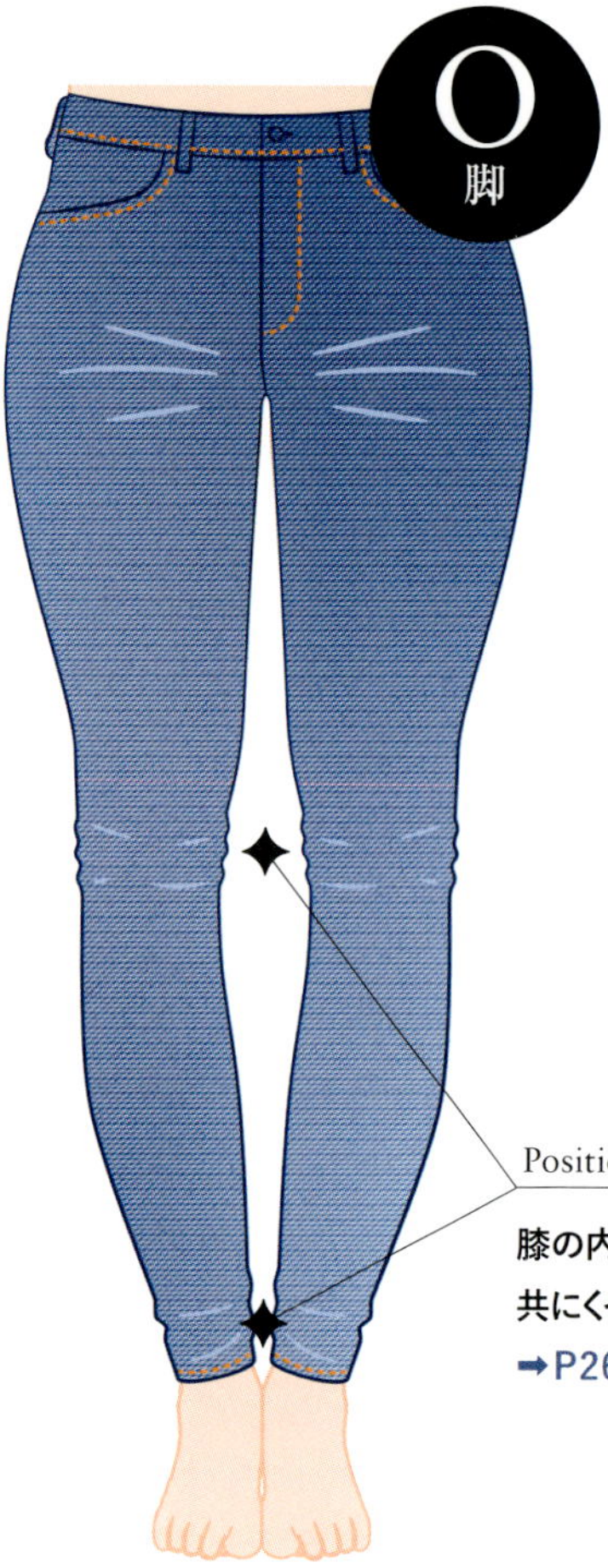

Position Check

膝の内側、内くるぶしが
共にくっつかない人は
➡P26へ

あなたはどのねじれタイプ？

**前ページの「外ハリ脚」チェックの結果はどうでしたか？
脚のタイプは3つに分けられます。
あなたに似たシルエットはありますか？**

横にハリ出す原因は関節と動作のねじれにあり

脚を揃えて立った時、O脚やX脚などのラインももちろん気になりますが、一番気になるのは、正面から見て横に広がる太さです。

本来、まっすぐ前後に脚が使われていれば、横に広がって太くなることはありません。しかし、日常動作のクセなどで、内股になってしまう股関節の内旋、それに伴って膝下は外旋というねじれが起きます。すると、前後の動きに横のブレが生じて、それを支えるために過剰にももやふくらはぎの筋肉を使ってしまいます。

その結果、使いすぎで発達した筋肉は横に広がって、さらにその土台に脂肪がつき、より太く見えてしまうのです。

ねじれた関節は血行を悪くし、セルライト状の脂肪もつきやすくなります。

XO
脚
X
脚
Position Check
膝はくっつくけれど内く
るぶしがつかない人は
➡P27・28へ

前後のハリ出しは、お尻と足指が使えていないから

前ももが前にせり出ていて、膝上に脂肪がのっかり、ふくらはぎがししゃものようにプックリしているのが悩みの人も多いと思います。

本来、歩く時にメインに働くのは、お尻の筋肉です。膝は前ももを、足首はふくらはぎの筋肉を使う関節なので、脚が太いのを気にしている人の多くは、基本的にそれらを使いすぎだと言えます。

また、脚が太くてくっついてしまうという人。脚のタイプを判断しにくいのですが、股関節や膝関節がねじれている可能性は大です。ねじれを改善することで前ももや外ももがすっきりして脚のラインがキレイになり、脂肪も目立ちにくく引き締まったり、細くなったりもします。

FRONT O脚

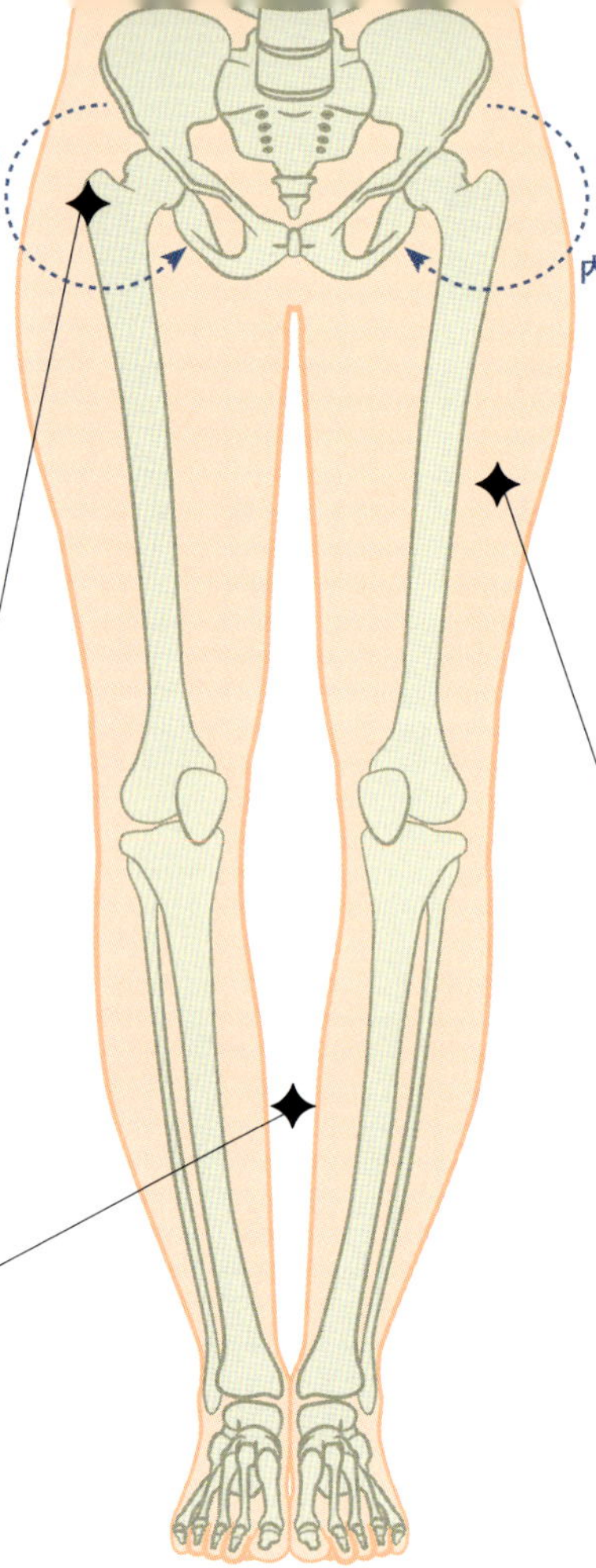

Position Check

股関節が内旋しながら外に広がっていくので、大転子がハリ出しているように見えるのが特徴。お尻が平たく大きく見えてしまう。

Position Check

股関節が正しいポジションにないのでお尻に力が入りづらく、どの動作でも、ももに力が入りやすくなってしまう。

Position Check

膝下は外側にねじれるので、立った時にふくらはぎも内くるぶしもくっつかない。

太ももやふくらはぎが外ハリ全開脚

典型的な崩れたラインのO脚。読んで字のごとく、太ももから足首にかけてOのラインを描いていて、股関節から外に大きくハリ出した太ももと、膝と膝がくっつかないことが特徴です。

O脚は内股が原因と言うと驚かれますが、股関節の内旋で説明した通り、股関節が内回しにねじれることで、股関節は外側に広がっていく特徴があります。ですから、O脚の人が足元を揃えて立つと、膝のお皿が内側を向くのです。

膝は当然、つま先をまっすぐにするために逆の外旋方向にねじれます。

股関節が内旋して、外側に広がってしまっているのが主な原因で、O脚のラインだけでなく、もものハリやお尻の広がりを気にしている人が非常に多くいます。

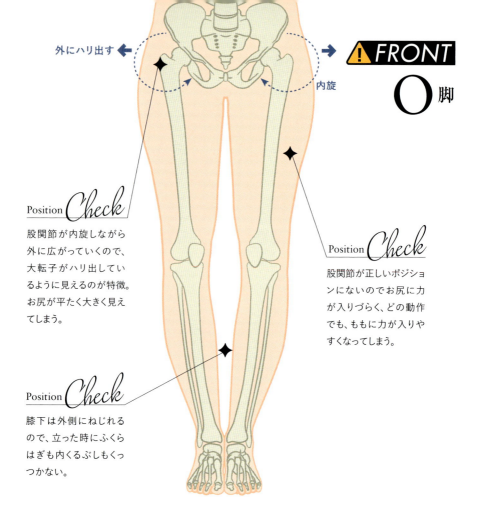

FRONT

X脚

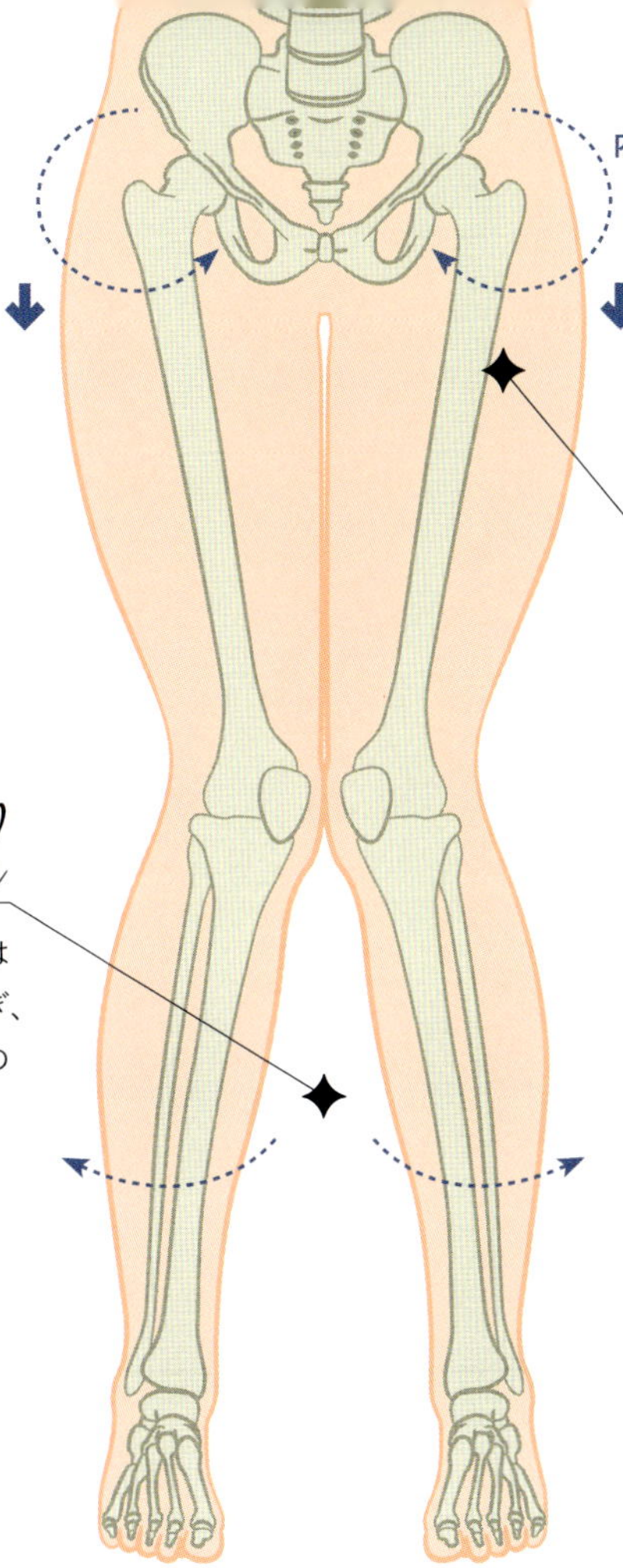

Position Check

股関節が前方向にせり出しながら内旋するため、前ももと外ももに体重がのりやすく、ももが太くなりやすい。

Position Check

立った時、太ももと膝はくっつくのに、ふくらはぎ、足元がくっつかずX字のような脚の形になる。

前もものハリが強く出て ししゃものようなふくらはぎ

X脚もO脚も、股関節が内旋してしまっているのは同じです。しかし、見え方がこのように真逆になってしまうのは、内旋して広がっていく方向の問題。O脚が外側に広がっているのに対して、X脚は前にせり出すように広がります。

ですから、さらに脚は内股になってしまい、膝はくっつくものの、足元がまったくくっつかないという状態になってしまうのが特徴です。

膝関節が外旋している特徴もO脚やXO脚と同じですが、X脚の人と出会うこと自体が稀で、他のタイプよりも強いゆがみを持っていて、先天的な変形を伴っていることが非常に多く、完全に改善するのは難しいかもしれません。

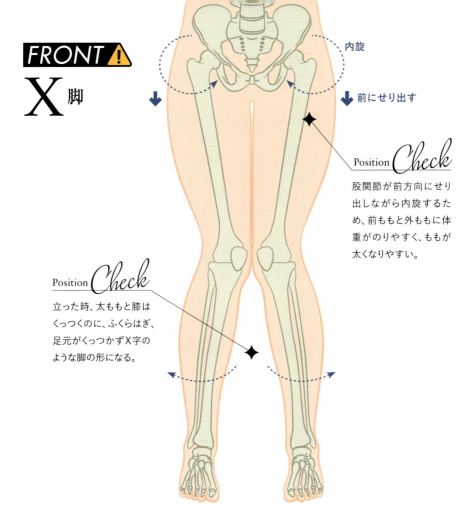

FRONT

XO脚

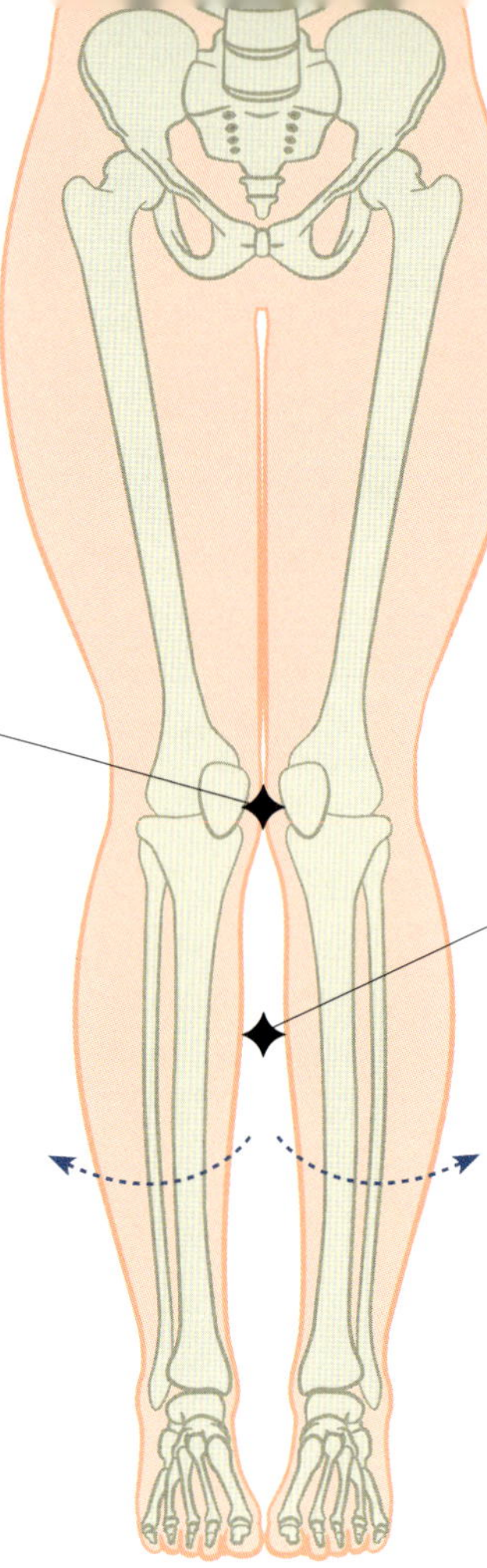
Position Check
膝のねじれのせいで、股関節から足元の動きがズレてしまって、トレーニングで、どんなに意識しても、膝が内側に入ってしまう。
Position Check
膝の内側、足元はくっつくけれど、膝下がねじれていて、すねの間の隙間がとても広く、ふくらはぎがくっつかない。

実は最も多いタイプ 内股グセが命取り

実は世の中で一番多いタイプが、膝下O脚とも言われるXO脚です。

股関節の内旋は起きていても、O脚になるレベルではないという状態。でも、同じように膝は外旋方向に強くねじれてしまうことで、ふくらはぎが外にハリ出し、すねがバナナ状に見えてきてしまう特徴があります。

中間関節である膝関節がねじれていると、足元から股関節までのエネルギーが伝わりづらくなります。トレーニングでもお尻に上手く力が入らない人はこの可能性があります。どう頑張っても膝が内側に入ってしまう人、どんなに歩き方を意識しても上手くいかない人は、膝のねじれのせいかもしれません。

POSITION 03

正しいポジションは、股関節と足指からつくる。ストレッチで脚の形を変える理由。

膝と足首の使いすぎが外ハリ脚をつくる

股関節と足指が美脚のカギ

骨格のゆがみと、使い方のクセのどちらが先かはわかりませんが、これらが原因で使いやすい筋肉と使いにくい筋肉ができて、その結果として筋肉のつき方に差が出てきます。そして、土台となる筋肉の上に脂肪がつくため、脚のラインはもちろん、太さにまで影響が出てきてしまうのです。

クセをそのままにして、使いやすい筋肉ばかり使っていると、その部分が発達し、関節もゆがんだ方向へねじれてしまいます。そうなると、やがてどんな

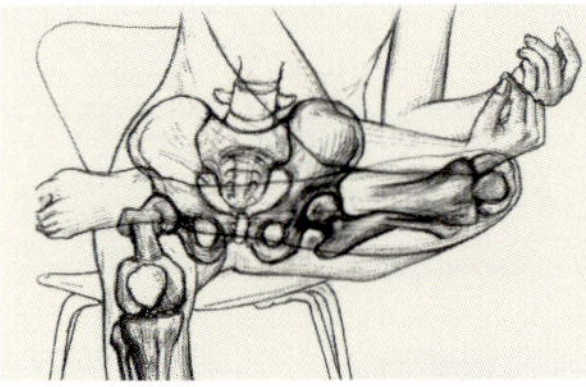

股関節とは……

骨盤と大腿骨をつなぐ関節。上半身と下半身をつなぐ連結部分になる。

に意識しても正しい動きができなくなってしまいます。

美しい脚であるためには、股関節、膝関節、足首の関節、足指の関節の４つがゆがみなく、使えることが重要になってきます。 しかし、ほとんどは、股関節と足指の関節が上手に使えず、使う機会がどんどん減ってさらに動きづらい、使いづらい錆《さ》びた関節になってしまいます。

股関節を使えないと太ももが太くなる！

股関節は、上半身と下半身をつなぐ重要な要です。歩く、立つ、座るといった日常の動きすべてに関係していて、ものすごい重労働を強いられています。

さらに運動不足によって関節を動かさないと、動きはますます悪くなります。まるで錆びた蝶番《ちょうつがい》みたいになり、開け閉めがスムーズにいかないドアのような股関節になってしまいます。

その分の役割を担うのが、膝関節です。股関節が上手く使えないため、膝への負担が大きくなり、太ももの横と前の筋肉ばかりを使うことになり、外ハリ、前ハリの太ももになるのです。

股関節が使えると、お尻や太ももの後ろの筋肉も連動して使えることになり、太ももの前と外側の負担は減ってハリがとれるのと同時に、太ももの内側と裏側が引き締まります。これぞバランスよく筋肉がついた脚、美脚なのです。

足指の関節が使えないとふくらはぎがししゃもに！

足指を使うには、足指の付け根にあたるＭＰ関節という関節が重要になります。歩く時は、接地する時にしっかり地面を捉え、足が最後まで運ばれる時にも使われます。ＭＰ関節を動かすのは足裏の筋肉です。普段、ソールの硬い靴や、ハイヒールなどを履いていると、ＭＰ関節を使う機会が少なくなり、足首に頼った歩き方をしています。

足裏の筋肉が働かないと、接地の時に足が不安定になり、足首がねじれた使い方をしてしまいます。また、歩く時には地面を正しく押すことができず、必要以上に足首で引っかくような状態になってしまうでしょう。

これらが原因で、ふくらはぎの筋肉を使いすぎてしまい、ししゃものように太くしてしまうというわけです。

MP関節とは……

足指の付け根にある関節。歩いている時に曲がる部分を指す。

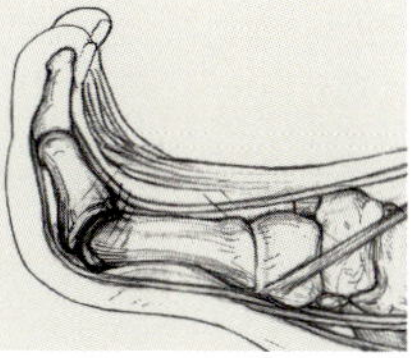

POSITION 04

美脚づくりの第一歩はストレッチでニュートラルなポジションをつくる。

関節のねじれがラインを崩す原因になる

もともと骨はまっすぐな形ではなく、通常は滑らかな曲線を描いています。動作のクセなどで偏った筋肉の使い方をし、土台がねじれてしまうと、骨格のラインが崩れるだけでなく、過剰に筋肉がついてしまうところと、使われずに緩んでしまうところ、脂肪がつきやすいところなどができてしまいます。

知っておきたいのは、**すべての脚のゆがみは「股関節の内旋、膝関節の外旋」**、**つまり関節のねじれが主な原因であるということ。**

股関節の内旋は、体の縦軸に対して、内側に回っている状態。立った状態で大転子を触りながら、つま先と膝が内側を向くように脚を回してみると、大転子が外側にハリ出してきます。逆に外回しでは大転子が奥に入り、お尻に力が入っていくはずです。本来股関節は外旋位で安定するものですが、ゆがみがある人の多くは、内旋で股関節が外れていくほうに引っ張られ続けている状態です。

膝関節の外旋とは、股関節の内旋と反対にねじれてしまった結果起きているものです。ガニ股だと思っている人の多くは膝下だけ外側を向いていることがよくあります。膝関節が外旋でねじれると、足首をまっすぐ使えず、過剰に足首を使ってしまい、ふくらはぎが太くなってしまいます。

そこで、まず行いたいのが本書で紹介をするストレッチです。「美脚」をつくるというと、筋トレをして、しっかりした脚をつくるのでは？と思われるでしょう。しかし、これまでお話ししてきたように、**必要なのは「ゆがみなく正しく使える脚」です。**そのためにはストレッチで、脚をニュートラルなポジションに戻す必要があります。ねじれた状態では、筋トレも有酸素運動も、効果は半減してしまいます。ストレッチでポジションを戻したら、少しずつ筋トレも組み合わせていき、さらに正しい位置で美脚をつくっていきます。

デニムの似合う脚を30日でつくる
森式「下半身やせプログラム」

本書で紹介するスキニーデニムが似合う脚になるプログラムは、とてもシンプル。まずは、ゆがんだ関節を正しいポジションに戻して、その位置を体に覚え込ませる基本のストレッチです。

一見簡単すぎて、退屈に思えるかもしれません。大切なのは、ひとつひとつの動作が、自分のゆがんだ関節をどの方向に矯正しているのかを意識しながら行うことです。

これから紹介する基本の4ストレッチは、毎日準備運動として行うことをオススメします。股関節、膝関節、足関節、足指の関節にフォーカスしたものなので、短時間でできて、筋力も不要！ 2週間もすれば脚のラインに変化が出始めるでしょう。

関節のゆがみをとる基本のストレッチができたら、次は関節を動かすサポート役である筋肉を使いやすくします。今まで関節が正しいポジションでなかったため、関節がゆがんでいる方向に筋肉も力がかかります。そして、筋肉が柔

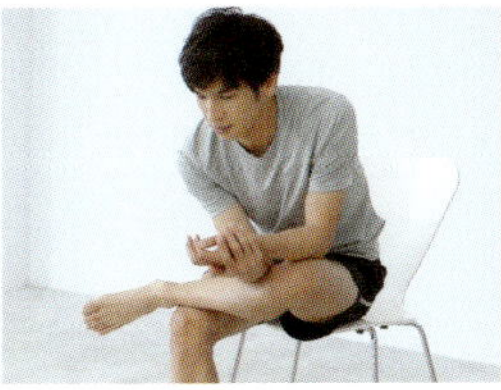

すべてのストレッチの動きを動画で確認できます！

携帯電話やスマートフォンのアプリなどで、QRコードを読み取ります。表示されたURLをブラウザで開くと、本書で紹介したストレッチの動画解説が見られます。

軟性を失って硬くなっていたり、力の入れ方がわからなくなっていたりして使えないことがあります。これらの筋肉を目覚めさせ、ほぐして使えるようにします。それによって、関節もまた正しいポジションを維持しようとするのです。

基礎のストレッチに加えて、筋肉を使いやすくするためのストレッチは１週間ごとにレベルを上げていき、ＬＥＶＥＬ１〜４までを１ヵ月かけて行います。

LEVEL1 **気になる太ももやふくらはぎのハリを解消。**

LEVEL2 **気になる太ももをさらに集中的にケア。**

LEVEL3 **股関節のポジションをさらに矯正。**

LEVEL4 **股関節、膝関節、足首の関節、足指の関節とすべての関節の動きを集約したストレッチ**となっています。

ゆがみがとれてバランスよくつくべきところに筋肉がつき、無駄な筋肉がそぎ落とされれば、脚のラインは今よりずっと美しくなるはずです。

BASIC

基本の4ストレッチ

脚の動きを決めるのは股関節、膝、足首、足指の4つの関節とそれらを覆う筋肉です。基本の4ストレッチは30日間毎日行い、4つの関節のゆがみを徹底的に矯正します。

膝

股関節

足指

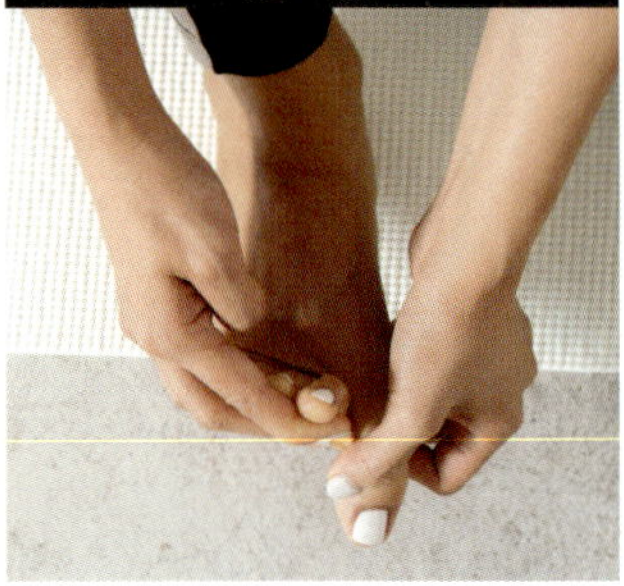

足首

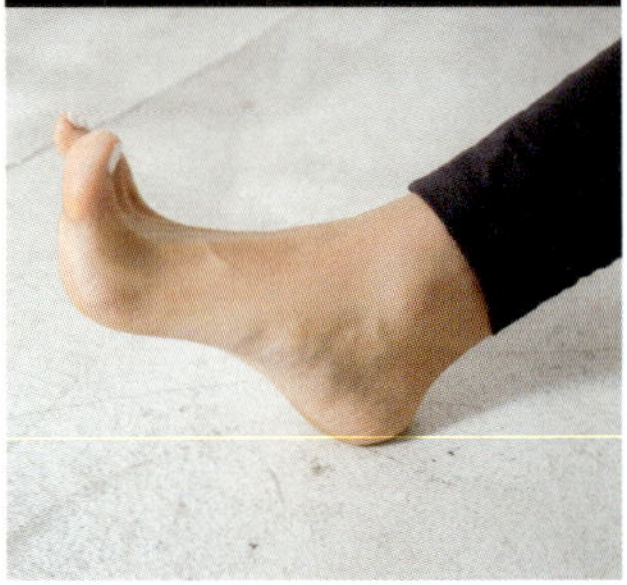

※ストレッチ、エクササイズを行って痛みがある場合は中止してください。

LEVEL UP

1週間ごとのレベル上げストレッチ

基本を毎日行いながら、1週間ごとに部位別でねじれを解消するストレッチを取り入れましょう。3週目からは筋トレの要素も組み込みます。少しずつレベルを上げて、目標に近づけます。

LEVEL1

1

The first week

外ハリ脚を徹底的にほぐす

LEVEL2

2

The second week

太ももの内と外をスッキリ

LEVEL3

3

The third week

股関節まわりをさらに矯正

LEVEL4

4

The final week

すべての動きの集大成

BASIC

股関節

外と前にハリ出した太ももの元凶と言うべきゆがみを解消

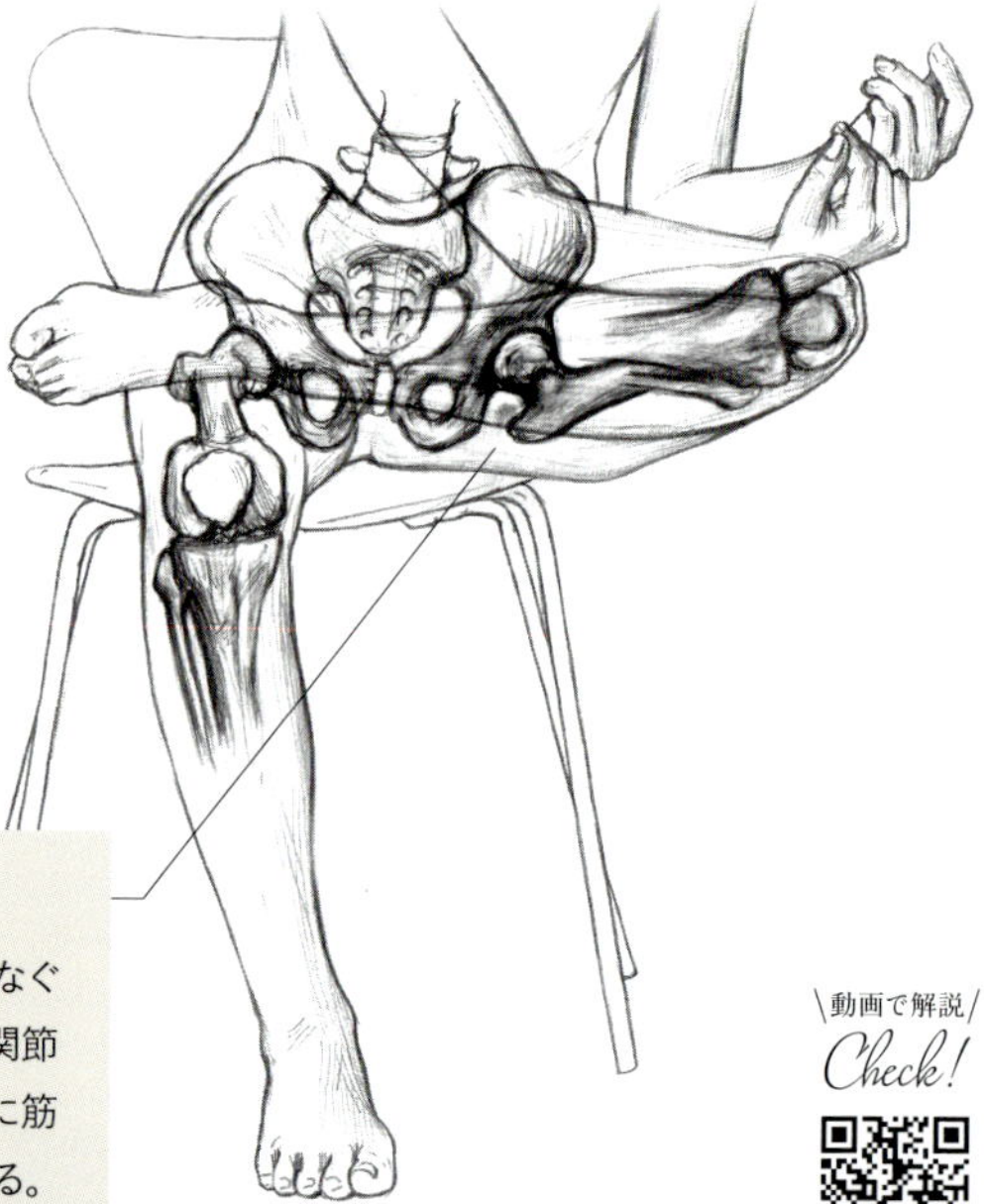

ここに効かせる!

股関節

骨盤と、太ももの骨である大腿骨とをつなぐ関節で、上半身と下半身の連結部分。股関節がねじれることで、太ももにアンバランスに筋肉がついて外側や前がハリ出した脚になる。

\動画で解説/
Check!

【森の美脚理論】

股関節から膝、つまり太ももの美しいラインをつくるには、ゆがみのない股関節であることが大切です。美脚に見せるためには、面積の広い太ももの美しさがとても重要になります。

しかし実際は、太ももの前や外側のハリで悩んでいる人が多くいます。最大の理由は股関節が内旋方向にねじれているから。それによってお尻や太ももの裏の筋肉が使いづらくなる一方で、太ももの前や外側ばかりを使ってしまうのです。

これを解消するには、股関節を正しいポジションにするのではなく、外旋を促すことによって、股関節はようやく正しい位置に戻ろうとします。

Body Design *Hint*

股関節を外旋させること
により、股関節にくっつく
お尻の筋肉が伸びるのを
感じましょう。

左右 KEEP 60sec

1

いすに座り、左の足首
を右膝にのせます。

2

左の膝に、両腕をのせ
て、体を少し前に倒し
ながら体重をかけてい
きます。呼吸は自然に、
60秒行う。

3

反対の脚も同様に行い
ます。

膝

ねじれとゆがみをとって
すらりとしたふくらはぎにする

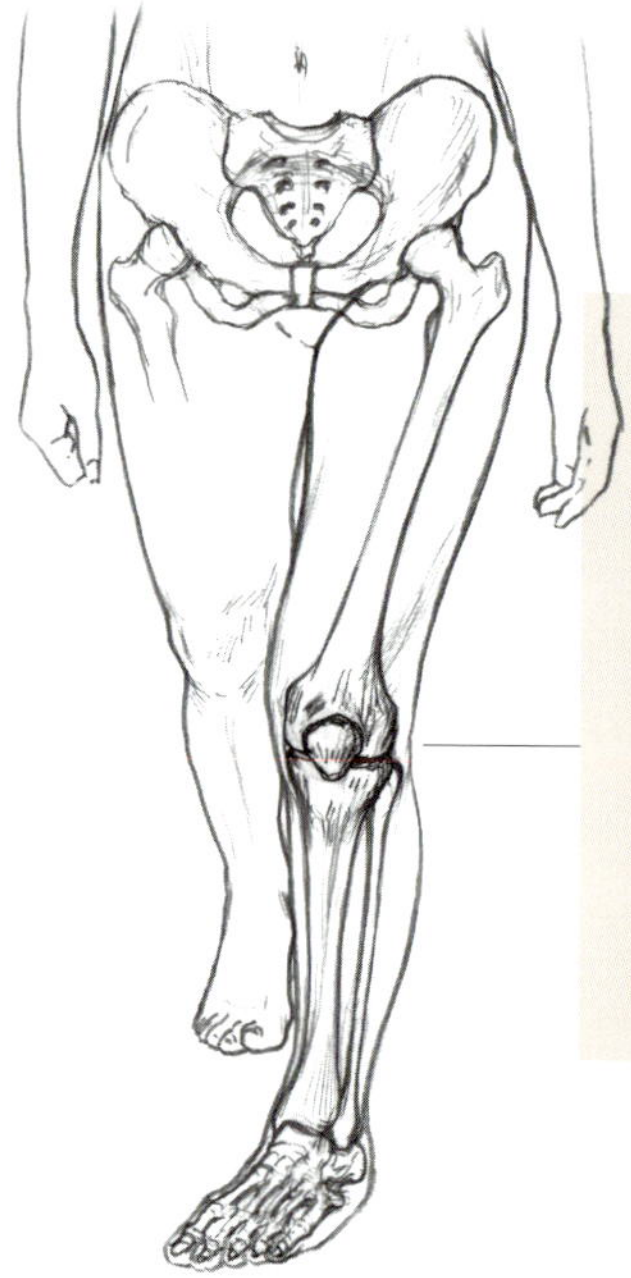

ここに効かせる!

膝関節

太ももとふくらはぎをつなぐのが膝関節。体重を支える働きと、脚を動かす大切な役目を担っています。さまざまな動作で負荷がかかるため、体の使い方のクセがつきやすく、ゆがみやすい関節でもあります。

＼動画で解説／
Check!

【森の美脚理論】

外も前もハリが少なく、裏側も内側も引き締まった太もも、膝下からすらりと伸びるふくらはぎ。それには膝関節のゆがみがないことが最大の条件です。しかし、立つ、座る、歩くといった動作は、膝に負担がかかるため、ゆがみやすいのも事実です。

膝は外旋といって、股関節が内旋するのとは逆に、外側にねじれてしまいます。膝下がねじれていると、ふくらはぎが外にハリ出しやすくなります。

膝のお皿を外側に、つま先を内側に向けることで、内旋方向へ矯正します。膝を正しいポジションに戻せると、太もももふくらはぎも外ハリ脚から脱却できます。

Body Design *Hint*

足の親指をできるだけ浮かさないように、小指側に膝頭をもっていきます。この動作がどんどんラクになってくるのを感じられたら、膝のねじれの矯正ができている証拠です。

左右 5+5times

1

足を一歩前に出し、つま先を30度内側に向けます。

2

膝頭は足の小指の方向に向け、膝を前へ曲げます。膝を内側から外側へ5回、さらに前へ体重をかけながら膝を5回曲げます。

3

反対の脚も同様に行います。

股関節のストレッチができない人のために

60 sec

注意
やりすぎると余計に筋肉が固くなるので、60秒以上は行わない。

ボールをガリガリ動かさない

動画で解説
Check!

邪魔する筋肉をボールでほぐそう

股関節が硬いと、外旋させづらいうえに、太もも付け根の外側に痛みを覚える人もいるでしょう。その場合は、まずテニスボールを使ってお尻を含む股関節まわりの筋肉をほぐすことから始めます。

左の太ももの外側をほぐす場合は、左の骨盤の上の出っぱりのある部分の下から、太ももの付け根の大転子までのエリアにボールがあたるように体を横にします。右脚は体の前で軽く曲げ、左のひじで体を支えます。

ボールの上で体を動かしてみると、ハリがあって筋肉が硬い部分を見つけられます。そこにボールをあて体重をかけて、ゆっくりと圧をかけます。呼吸は自然に、60秒行ったら、反対側も同様に行います。

雑巾しぼりのように足の関節をほぐす

41ページのストレッチで膝を外に向ける時、どうしても親指が浮いてしまう人がいます。それは膝のねじれが強いうえに、足の関節を使うことができていないからです。

膝のゆがみを矯正するストレッチといっても膝だけでなく、連動する足の関節も重要です。

そこで行うのが、足の関節をほぐすストレッチです。

あぐらをかいて座り、右の内くるぶしの下の出っ張っているあたりを右手の親指で押さえます。

左手で右足の親指側からつかんで、雑巾をしぼるようにして足の甲にある関節を10回ほぐします。反対の足も同様に行います。

\動画で解説/
Check!

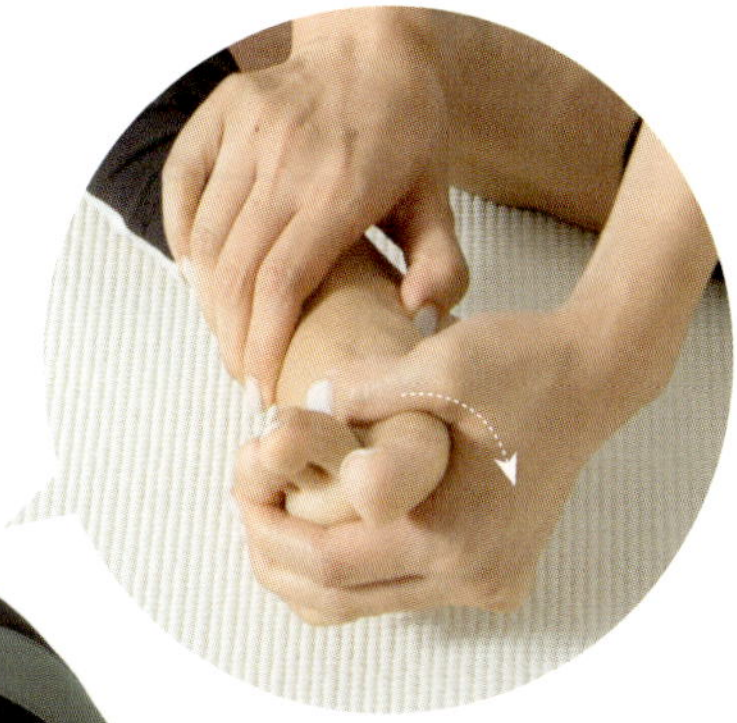

雑巾しぼりのようにねじる！

膝関節のストレッチで親指が浮いてしまう人のために

BASIC

正しい使い方ができると
歩いても疲れない脚になる

足首

ここに効かせる!

足関節、MP関節

ふくらはぎやすね、かかとのつなぎ目である足関節はつま先を上げ下げするのにかかわる関節。またMP関節は足指の付け根にある関節で、ともに歩く時に大切な部分です。

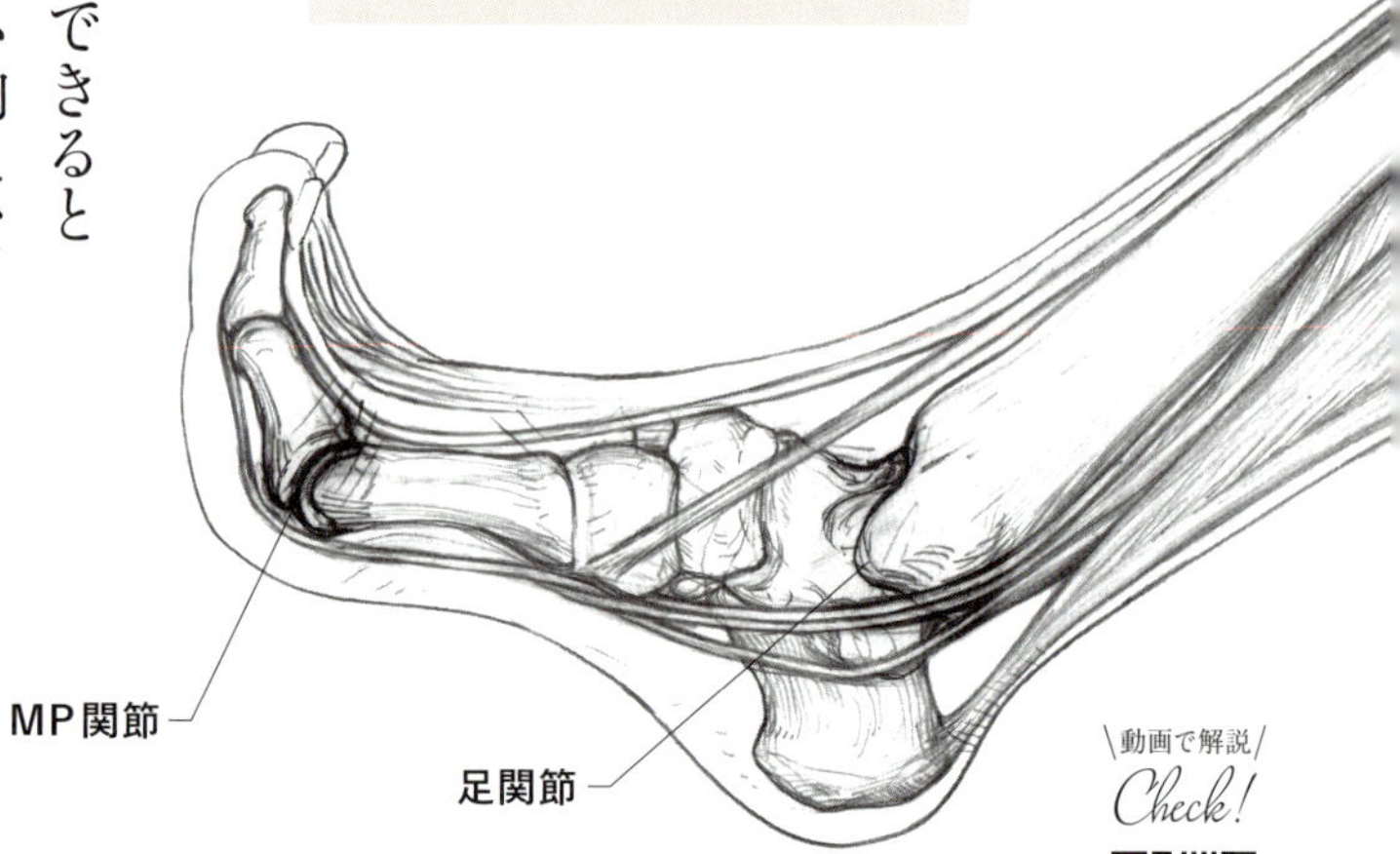

動画で解説
Check!

森の美脚理論

足関節は、曲げたり伸ばしたり、内側や外側に回旋したりと、複雑な動きの組み合わせによって歩いたり、走ったり、飛んだりできるのです。ですから足関節が正しく使えないと、これらの動作をするたびに、無駄な力が必要になります。

特に多いのが、足首を使いすぎて、ひっかくように歩いてしまうこと。これは足指が使えていないためで、足首がその分も頑張って働いてしまい、ふくらはぎがどんどん太くなります。足関節、足指の関節をそれぞれ確実に使えるようになることで、ふくらはぎの負担を減らして、美脚を目指しましょう。

●この本をどこでお知りになりましたか?(複数回答可)

1. 書店で実物を見て　　2. 知人にすすめられて
3. テレビで観た(番組名:　　)
4. ラジオで聴いた(番組名:　　)
5. 新聞・雑誌の書評や記事(紙・誌名:　　)
6. インターネットで(具体的に:　　)
7. 新聞広告(　　新聞)　　8. その他(　　)

●購入された動機は何ですか?(複数回答可)

1. タイトルにひかれた　　2. テーマに興味をもった
3. 装丁・デザインにひかれた　　4. 広告や書評にひかれた
5. その他(　　)

●この本で特に良かったページはありますか?

[　　]

●最近気になる人や話題はありますか?

[　　]

●この本についてのご意見・ご感想をお書きください。

[　　]

以上となります。ご協力ありがとうございました。

郵便はがき

お手数ですが
切手を
お貼りください

1 5 0 - 8 4 8 2

東京都渋谷区恵比寿4-4-9
えびす大黒ビル
ワニブックス 書籍編集部

お買い求めいただいた本のタイトル

本書をお買い上げいただきまして、誠にありがとうございます。
本アンケートにお答えいただけたら幸いです。
ご返信いただいた方の中から、
抽選で毎月5名様に図書カード（1000円分）をプレゼントします。

ご住所　〒

TEL（　　　-　　　-　　　）

(ふりがな)
お名前

ご職業

年齢　　　歳

性別　男・女

いただいたご感想を、新聞広告などに匿名で
使用してもよろしいですか？　（はい・いいえ）

※ご記入いただいた「個人情報」は、許可なく他の目的で使用することはありません。
※いただいたご感想は、一部内容を改変させていただく可能性があります。

Body Design *Hint*

足首と足指を動かすストレッチ。足首と指を上げる、足首だけを伸ばす、指だけを伸ばすなどして足首と足指を別々に動かす感覚を養います。

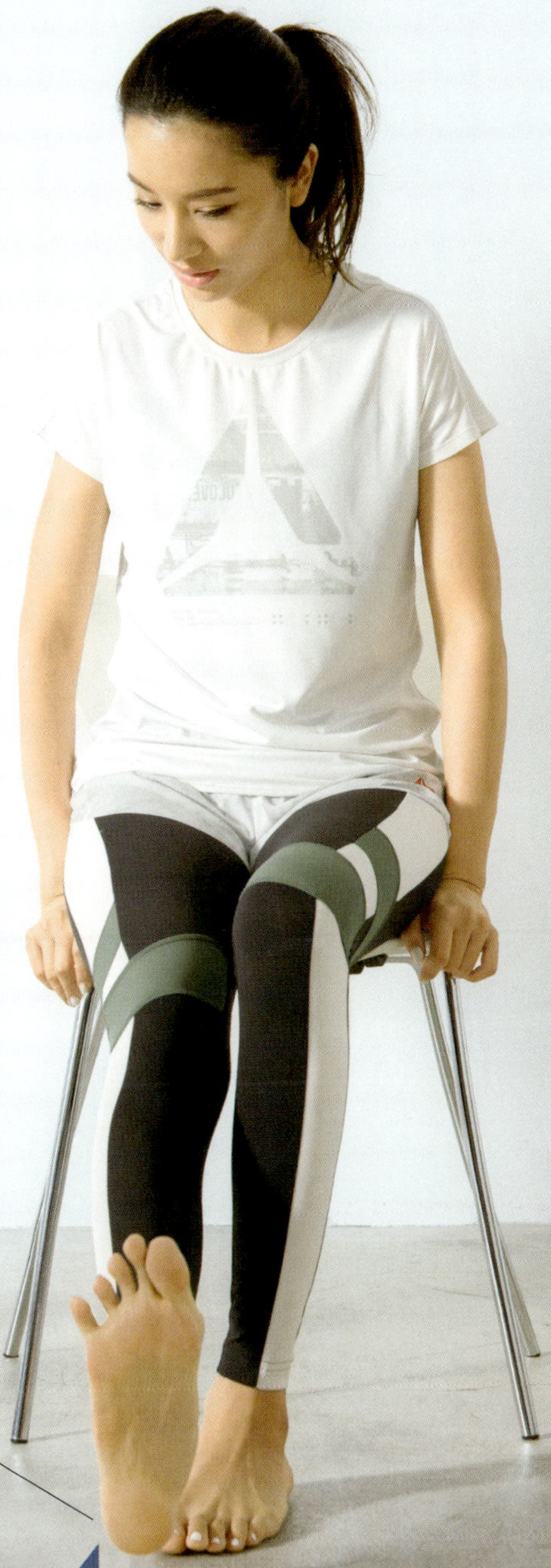

1

いすに座り、右脚を少し前に出してかかとを突き出し、足首と足指を上げます。

2

足首だけ伸ばし足指は上げたままにします。

3

足指も伸ばします。

左右10times × 2〜3set

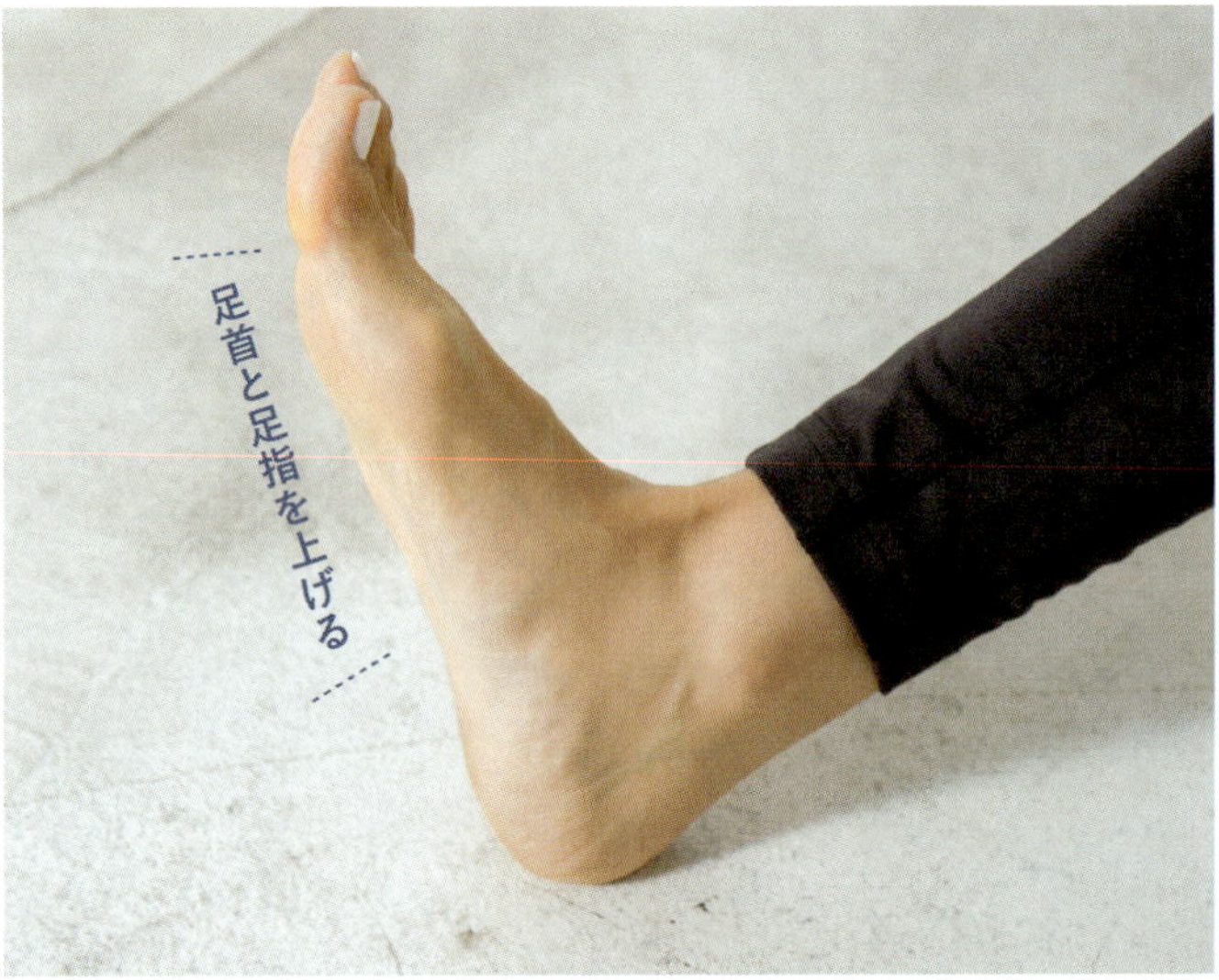

足首と足指を自在に操る

いすに座ります。右脚を前に出して伸ばし、かかとを突き出して足首と足指を上げた状態にします。

1

ここがPOINT

○ 足首はまっすぐ
✕ 足首は内側にひねらない

足首と足指を動かす時、足首が内側にねじれないように注意。自分から見て、足先がまっすぐになるようにストレッチを行います。

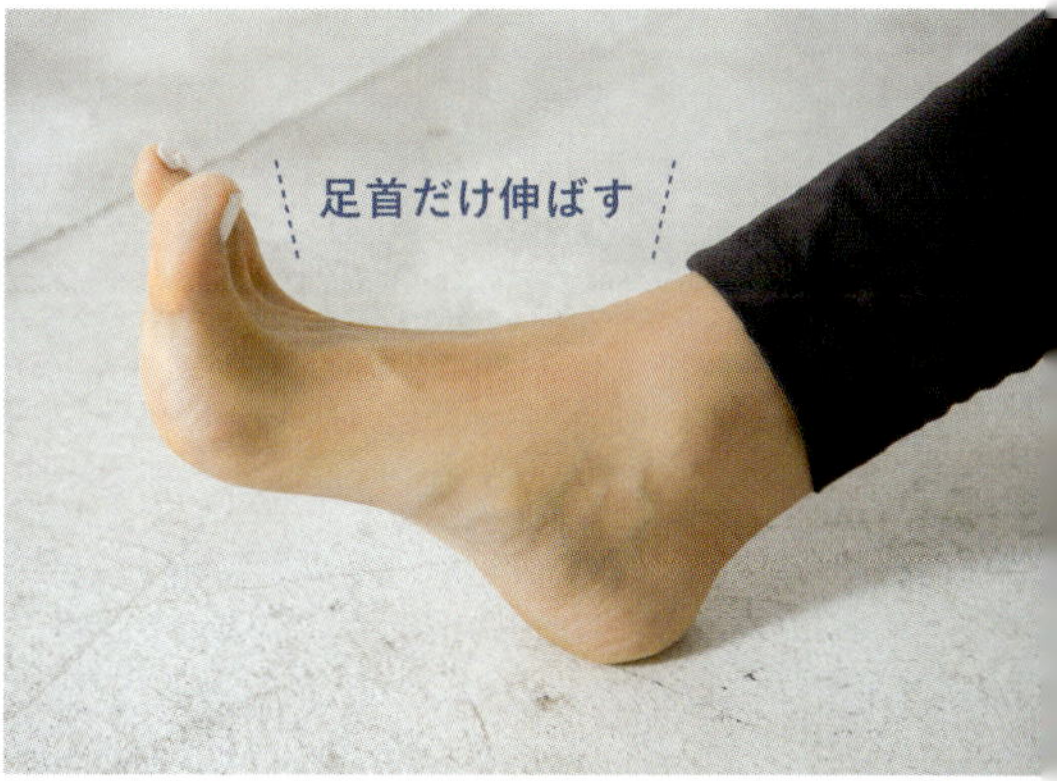

2

足首と足指を別々に動かす

足首だけを下ろします。足指を動かす指の付け根のMP関節は動かしません。指だけが上がっている状態になります。

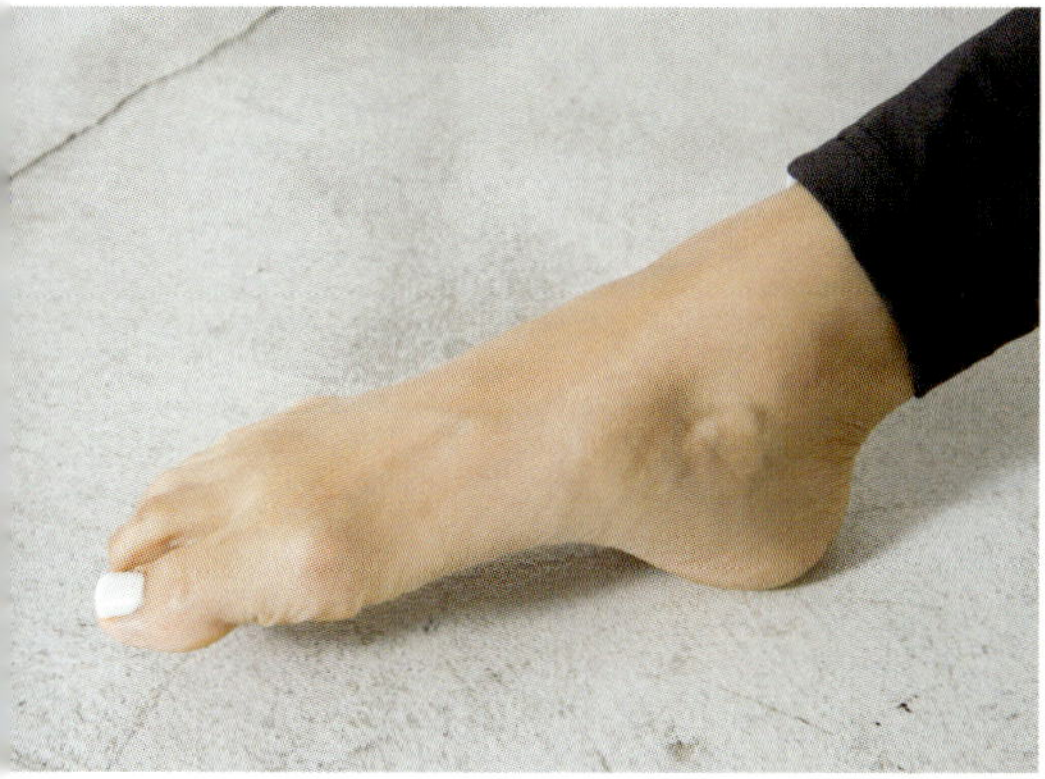

3

3つの動きを繰り返す

足指を下ろして、足首から足先までまっすぐにします。そうしたら足指だけ上げて2の動きに戻し、足首を上げて1に戻ります。これで1回です。10回を2～3セット、反対も同様に行います。

左右10times × 2～3set

BASIC

足指

足裏の筋肉を使えるようにして ふくらはぎの負担を軽減

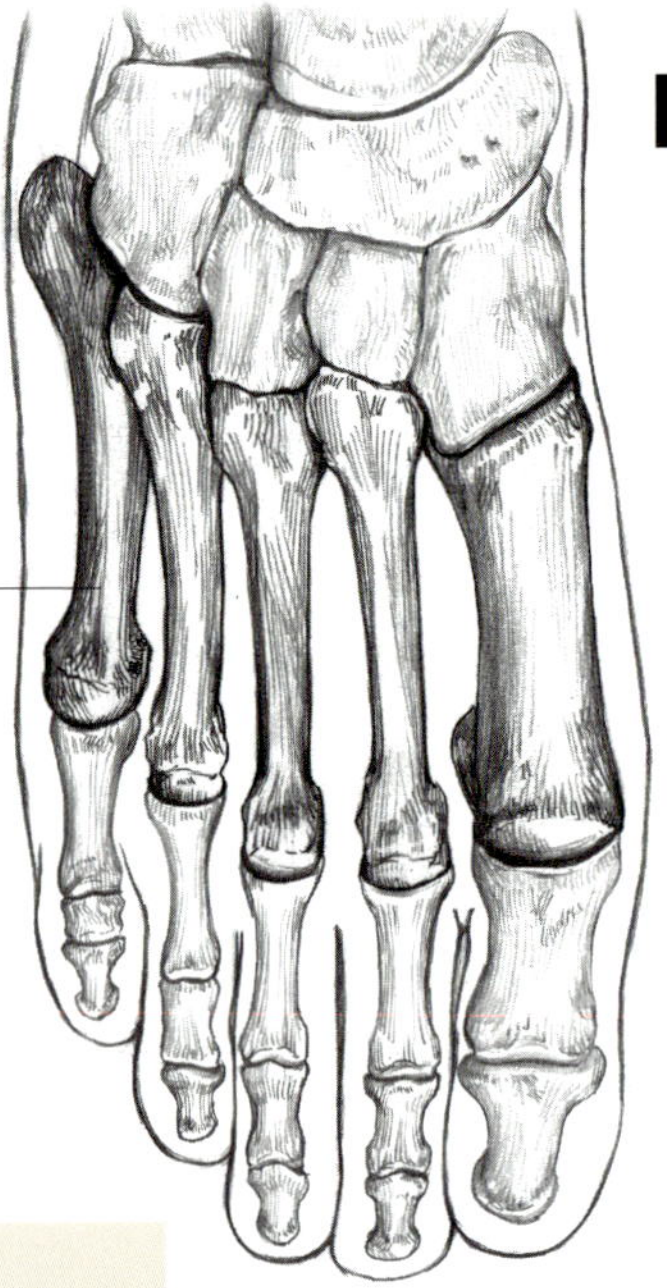

ここに効かせる!

中足骨

足首と足指の間にある骨で、足の甲あたりを触ると、足指からつながって5本あるのがわかります。足裏の筋肉を使って足指を動かすのに重要な骨です。

\動画で解説/
Check!

森の美脚理論

ハイヒールを履く人やつま先の細い靴をよく履く人は要注意。つねに足指が窮屈な状態にあって、ほとんど足指が使えていません。そうなるとどういうことが起こるのか……。実はししゃものようなふくらはぎの原因になるのです。

足指を使うと連動して足裏の筋肉を使います。ですから、土踏まずのアーチの弾性によって、無駄な力を必要とせずに歩けています。

しかし、足指が使えないと、足首を返しながら地面を蹴って歩こうとするため、ふくらはぎの筋肉が発達してししゃも脚になるのです。これを防ぐには、しっかりと足指が使えるように、鍛えるしかありません！

Body Design *Hint*

足裏の筋肉が引っ張られるのを感じながら行います。

1

床に座って右膝を立てます。左手で右足の親指を持ち、右手で他の四指を持ちます。

2

親指を下げたら四指を上げ、親指を上げたら四指を下げます。これで1回、10回を2〜3セット。

3

反対の足も同様に行います。

左右10times × 2〜3set

ここがPOINT

手の補助がなくても、足指を動かせるようになったら足だけでエクササイズをします。
※動画では足指だけでエクササイズをしています。

足裏の外側の筋肉に注目！

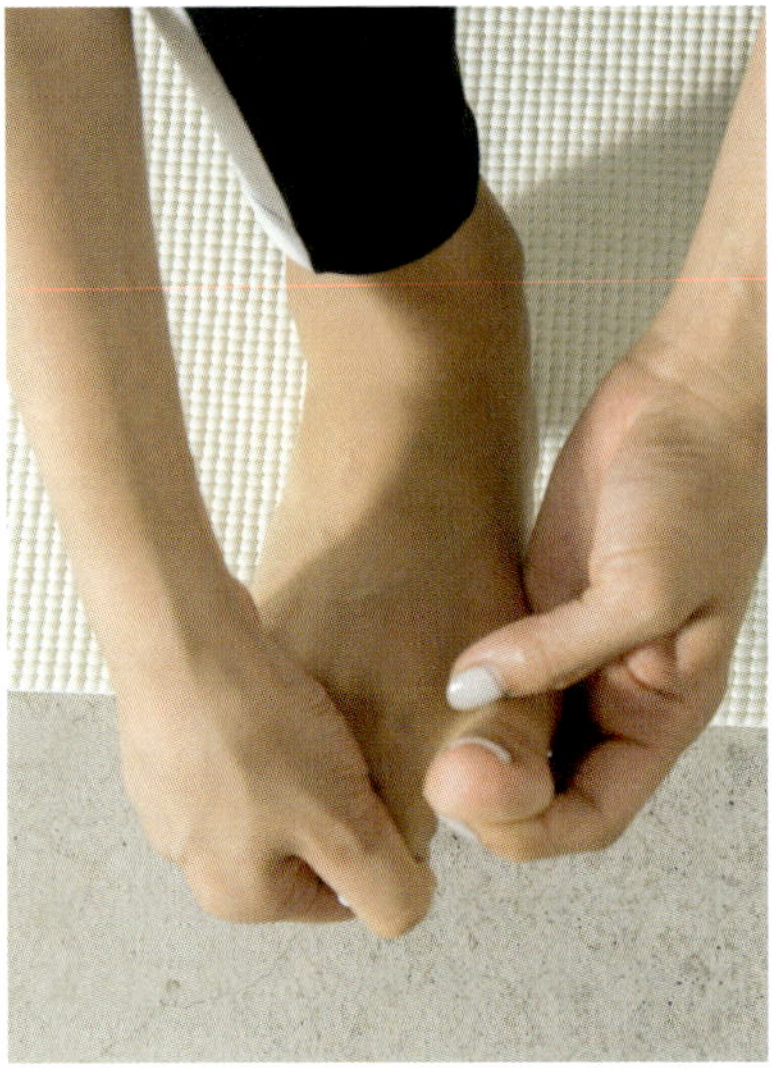

足裏の内側の筋肉に注目！

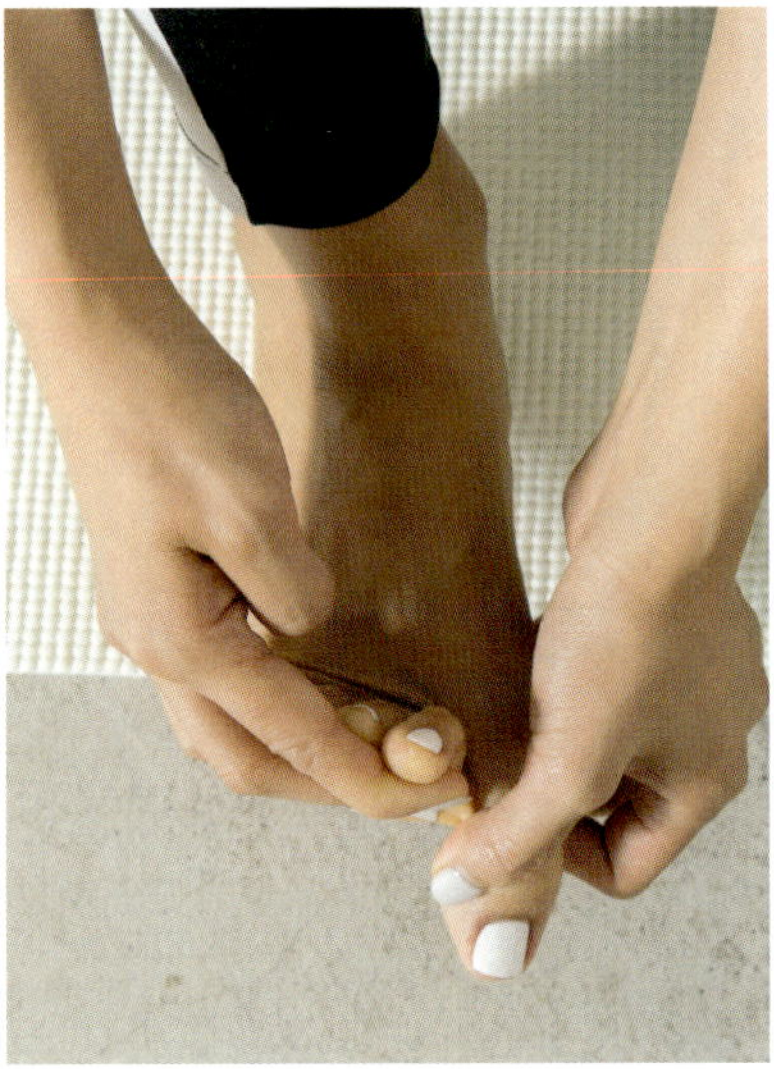

足指と連動して足裏の筋肉を使う

足の親指を下げ、他の四指を上げると足裏の内側の筋肉が使われているのがわかります。反対に親指を上げ、他の四指を下げると、足裏の外側の筋肉を使う感覚が得られます。

左右10times × 2〜3set

2　1

\動画で解説/

Check!

足指を上手く
動かせない人のために

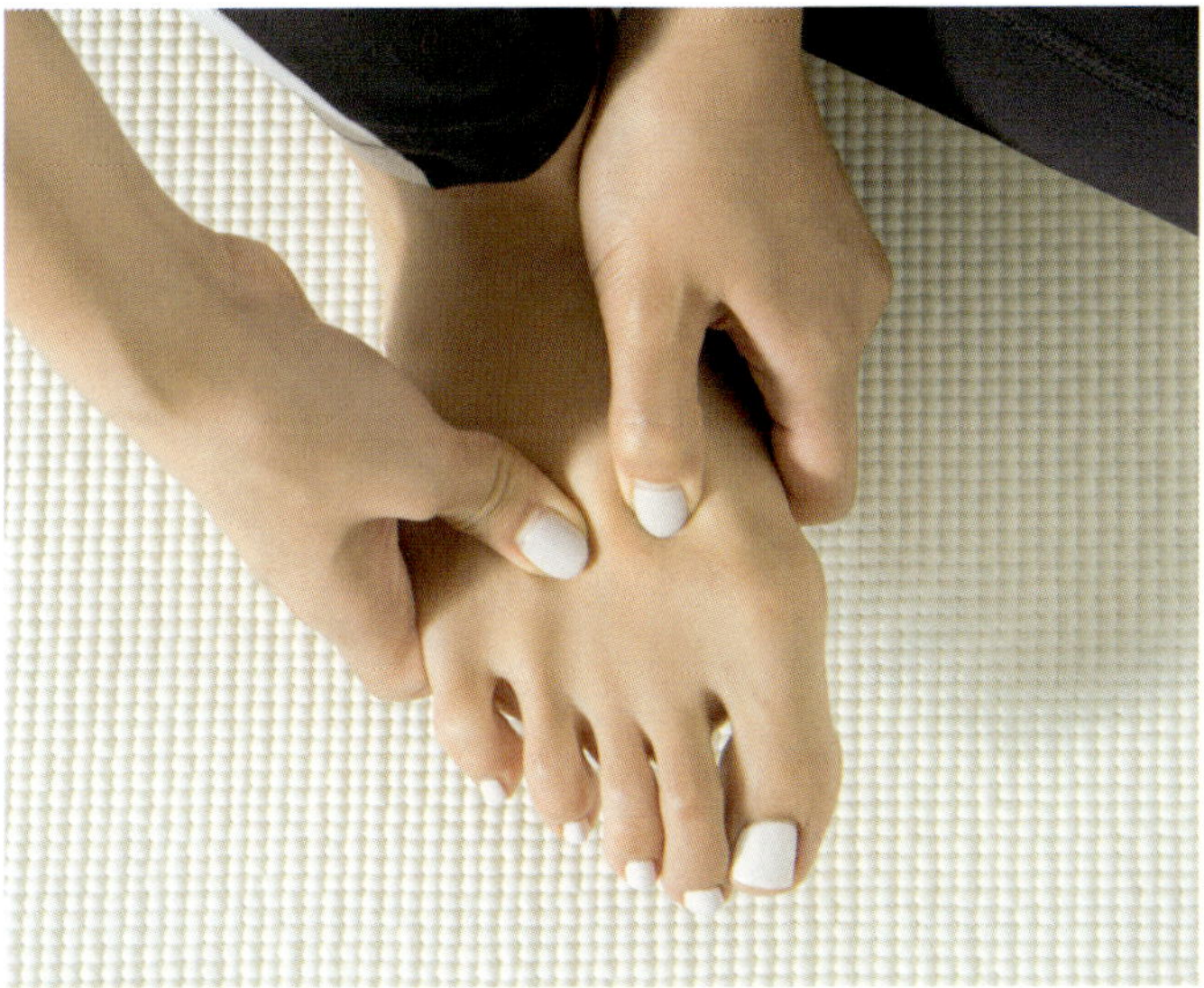

手を使って
中足骨を緩める

親指は上げられるのに、他の四指は上手く上げられない、もしくはその逆ができない人もいるでしょう。それは足裏の筋肉が使えていないことと、足指の関節が硬くなっていることが原因です。

そこで足指と足裏の筋肉をほぐすストレッチをします。

足指の付け根から足首まで5本ある骨、中足骨をそれぞれほぐします。親指と人差し指の間に手の親指をあて、ほぐしましょう。同様に、人差し指と中指、中指と薬指、薬指と小指の間も、足首から足指の付け根に向けてほぐします。中足骨やそのまわりの関節の動きがスムーズになります。特につま先の細い靴を長時間履いた日は、足指が動きづらいので入念にほぐしてあげましょう。

30日で結果を出すなら、
自分の体を裏切れ。

ストレッチのレベルを1週間ごとに上げていけ！

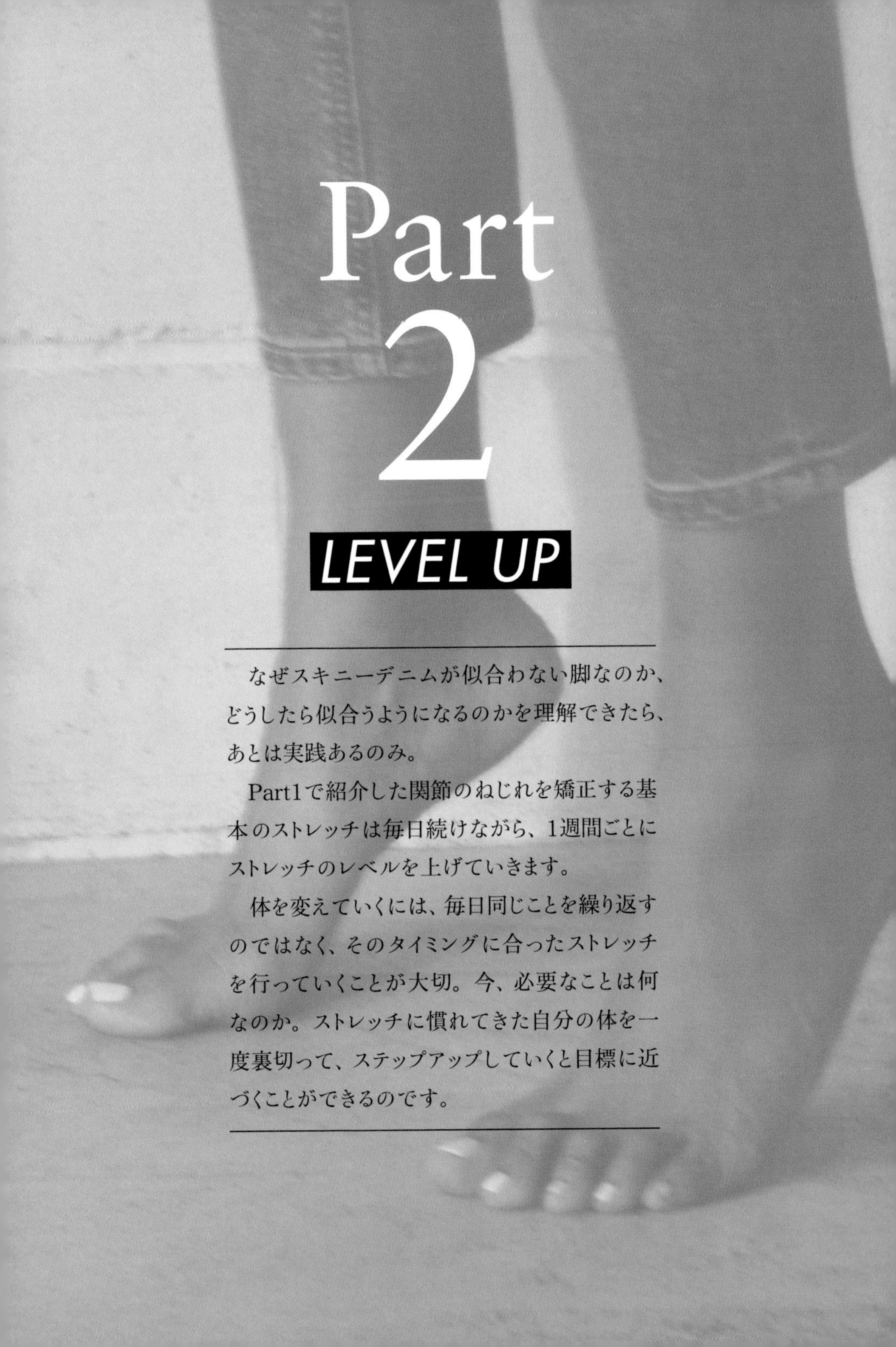

Part 2

LEVEL UP

なぜスキニーデニムが似合わない脚なのか、どうしたら似合うようになるのかを理解できたら、あとは実践あるのみ。

Part1で紹介した関節のねじれを矯正する基本のストレッチは毎日続けながら、1週間ごとにストレッチのレベルを上げていきます。

体を変えていくには、毎日同じことを繰り返すのではなく、そのタイミングに合ったストレッチを行っていくことが大切。今、必要なことは何なのか。ストレッチに慣れてきた自分の体を一度裏切って、ステップアップしていくと目標に近づくことができるのです。

LEVEL 1

Stretch

The first week

LEVEL1では、スキニーデニムの似合わない脚の元凶とも言える外ハリを徹底的にほぐすプログラムを行っていきます。

とはいえ、エクササイズは、動きも小さくいたって簡単です。だからといって手を抜いては絶対にいけない！

使いすぎて無駄に頑張ってきた太ももの前とふくらはぎは、ハリに張っているので、じっくりほぐします。また、筋肉をほぐすだけでなく、ストレッチをする動作をキープする筋肉をしっかり使うことも意識してみましょう。

LEVEL 1

前もも

歩くたびに頑張りすぎて
ハリ出した太もも筋肉をほぐす

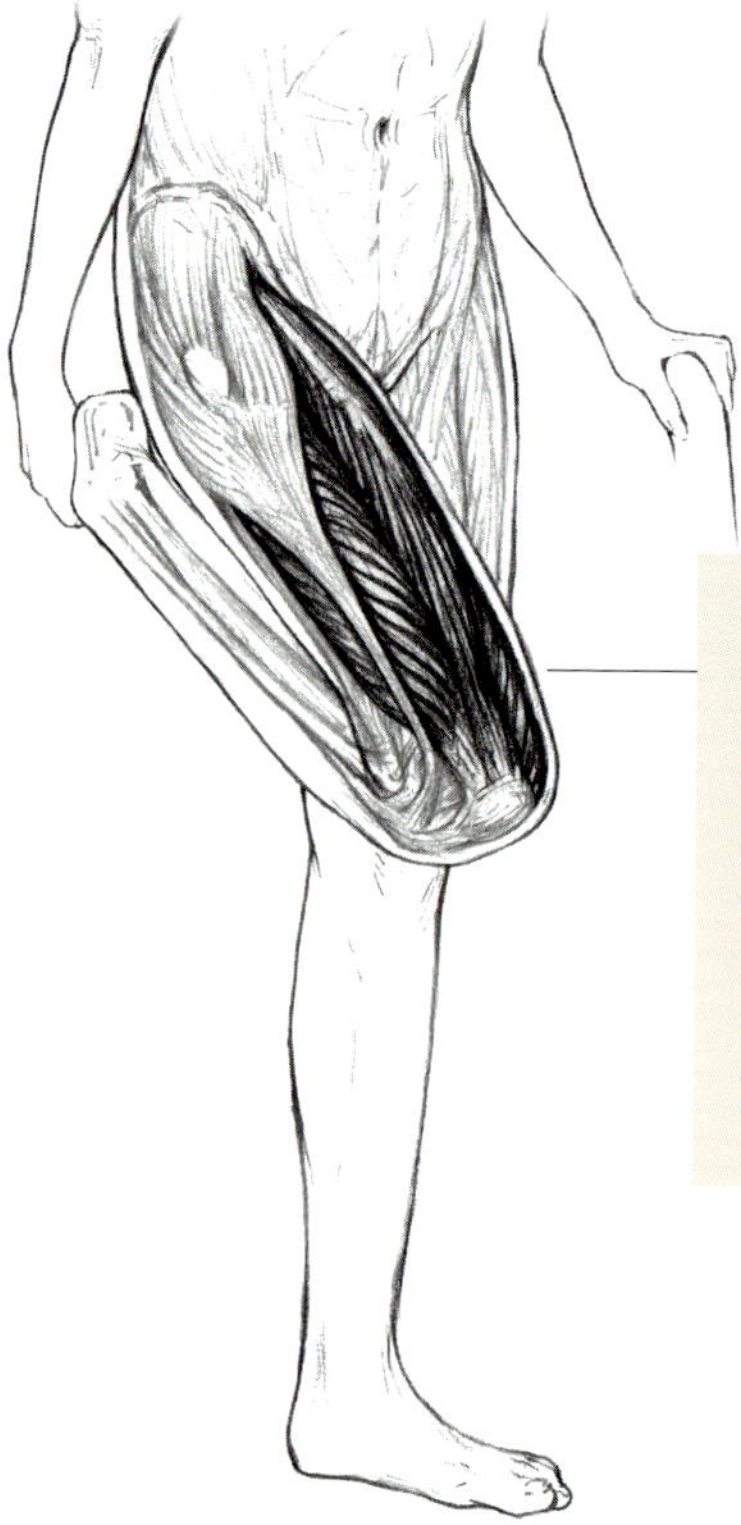

ここに効かせる!

大腿四頭筋

大腿部に付着する4つの筋肉の総称。中でも太ももの前のセンターにある大腿直筋は、高いヒールのパンプスを履いて前重心の歩き方の時に負担が大きい場所。

動画で解説
Check!

【森の美脚理論】

太ももを横から見ると、前の部分がハリ出していてたくましい脚に思い悩んでいる女性の多いこと。スキニーデニムを穿こうものなら、横シワが入ってかえって太さを強調してしまいます。

前もものハリの原因は、股関節のゆがみ。さらに歩き方や立ち方などすべての動作で、無意識のうちに前側に負担がかかり、同時に、お尻と下腹部が働いていないことが原因です。体重を全力で支えている太ももの筋肉はオーバーワークでカチカチ。

下腹部を使って太ももを伸ばすことでお尻に力が入りやすくなり、股関節のゆがみを矯正。前ももへの負担も減り、お尻を使えるようになります。

Body Design *Hint*

前ももがしっかりとストレッチされているのを感じながら行います。

左右 KEEP 60sec

1

いすの背に手を添えて立ちます。

2

右手で右の甲あたりを持ち、少し腰を丸めるように腹筋を縮めながら前ももを伸ばします。60秒1セットです。

3

反対の脚も同様に。ハリの強いほうは2セット行います。

LEVEL 1

ふくらはぎ

膝下のねじれを解消して
ししゃも脚から卒業

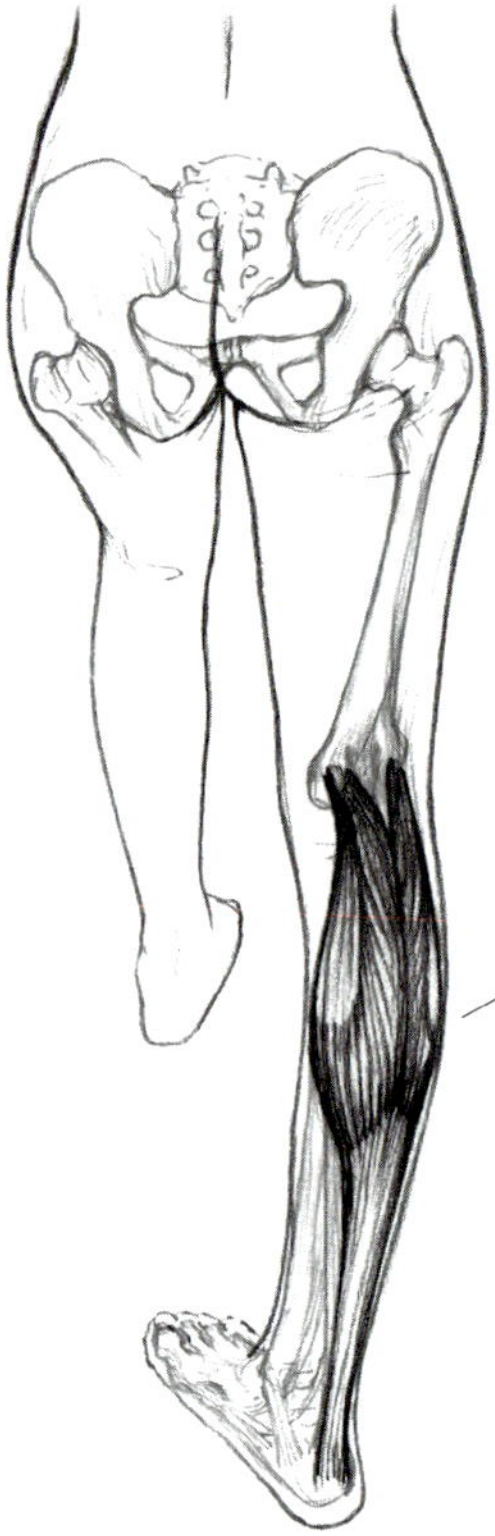

ここに効かせる!

腓腹筋

つま先立ちをすると、ふくらはぎの上のほうがぽっこり、これが腓腹筋。足首を曲げ伸ばしする時に使う筋肉。足首を使いすぎて歩いたり走ったりするとたくましいししゃも脚に。

\動画で解説/
Check!

森の美脚理論

ふくらはぎの悩みは、外ハリ脚とししゃも脚です。外ハリ脚は、膝下のねじれが原因で、ふくらはぎが外にハリ出しています。内旋させるストレッチをして、外にねじれている膝のゆがみをとれば外ハリ脚はすっきり。

ししゃも脚は、足首の使いすぎによって、筋肉が発達しすぎてしまっている状態。革の靴など硬い靴を履くことで、足指はギプスをはめたように動かしづらくなります。その分、足首が足指に代わって働いてしまうのです。使いすぎて弾力がなくなっているふくらはぎは、内側の腓腹筋のストレッチで、足首の動きをスムーズに。むくみの解消にもつながり、すっきりします。

Body Design *Hint*

右の親指が浮いてしまう場合は、足の角度を20度くらいにしてもいいでしょう。

膝裏からふくらはぎの内側までがしっかり伸びているのを感じてストレッチを行いましょう。

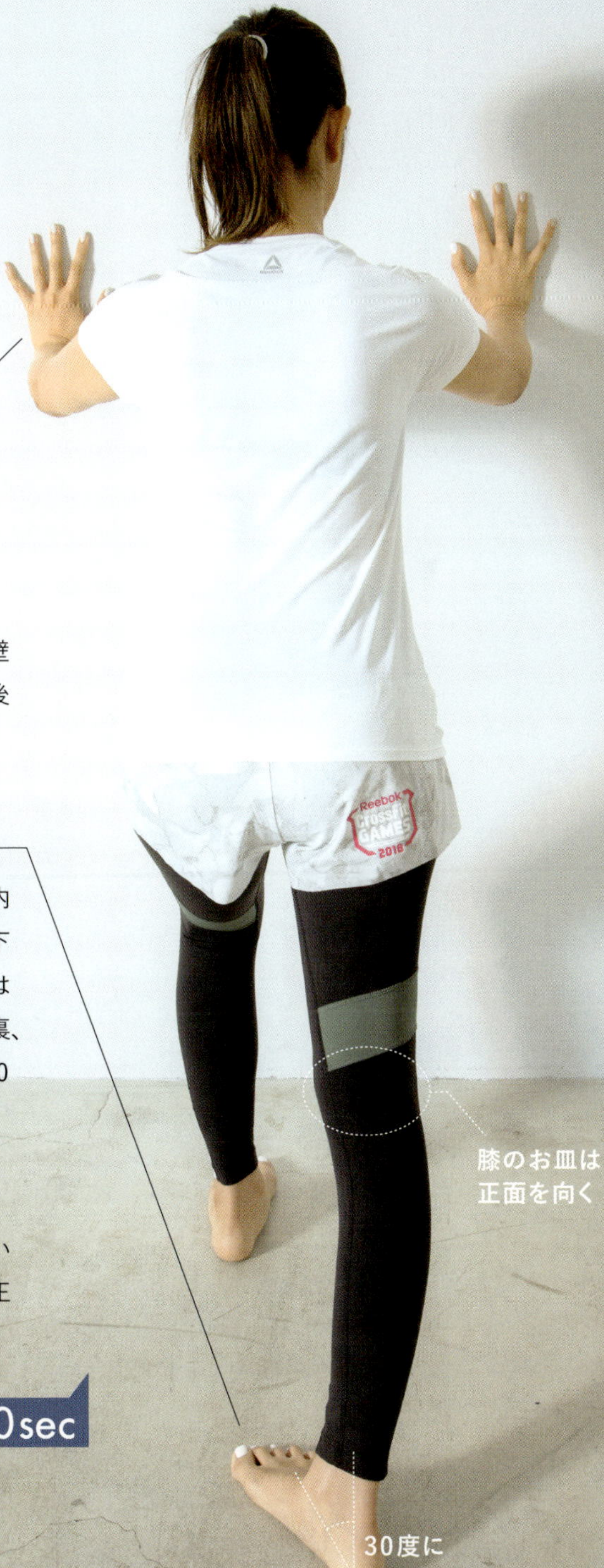

1

壁の前に立ち、手を壁につき、右脚を一歩後ろに下げます。

2

右のつま先を30度内側に向けてかかとを下ろします。膝のお皿は小指側に向けて膝の裏、ふくらはぎの内側を60秒伸ばします。

3

反対の脚も同様に行います。膝のお皿は真正面を向くように。

左右 KEEP 60sec

日々、繰り返される
〝立つ〟という動作は、
「ほんの少しだけ
膝を曲げてみる」と
足裏の感覚に変化が現れる

まっすぐ立つ、姿勢よく立つといった時、背筋を伸ばすことばかり意識していませんか。もちろんそれも大事ですが、案外見落としがちなのが膝です。

立っている時、膝がピーンと伸び切ってしまっている人がものすごく多いのです。ひじを例にとってみると、ひじを伸ばした時反り返っている人がいます。これを反張ひじや猿手と言うのですが、膝でも同じ状態になっています。膝が伸び切っている場合、前ももに過剰に力が入っている状態です。そのせいで股関節も膝もズレたポジションで固まりやすくなり、前ももも緊張した状態で張ってきてしまうのです。

正しい立ち方としては、膝を傍から見てもわからないくらいほんの少しだけ曲げること。膝を曲げた時と、曲げない時では足裏の感覚が違うはずです。膝を伸ばし切っている時は、足裏の中でも外側に体重がかかりますが、少しだけ曲げると足裏全体にかかるのがわかります。膝を伸ばし切っていると重心の位置がズレて、正しいポジションに体重がのせられなくなり、過剰に筋肉に力が入ってしまいます。これが原因でももが太いという人も多く、無駄な力を抜くことで脚をキレイに見せることができるようになるのです。

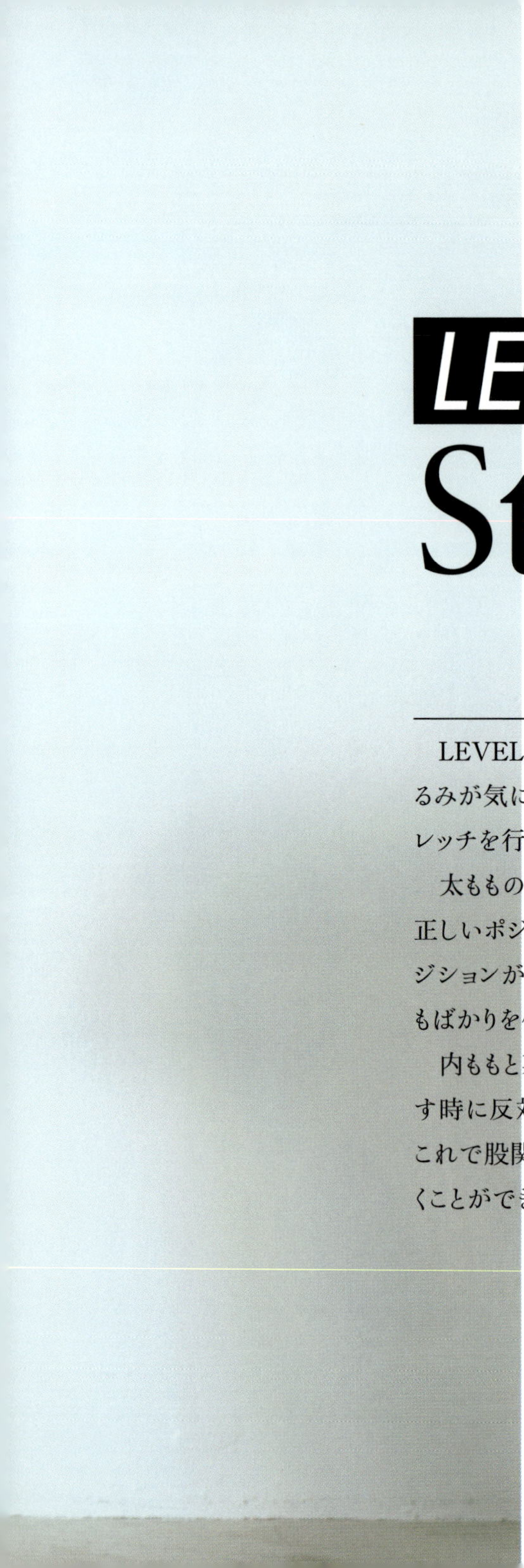

LEVEL2
Stretch
The second week

LEVEL2は、スキニーデニムを穿く際に、たるみが気になる太ももの内側と裏側をほぐすストレッチを行います。

太ももの内側と裏側がたるむのは、股関節が正しいポジションにないからかもしれません。ポジションが悪いと、上手く使えずに前ももと外ももばかりを使ってしまうことになります。

内ももと裏ももを使うためには、それらを伸ばす時に反対に縮める筋肉を意識して行うこと。これで股関節を正しいポジションに矯正していくことができます。

LEVEL2

動画で解説
Check!

内もも

古いゴムのように
弾力がなくたるんだ
太ももの内側を引き締める

ここに効かせる!

内転筋群

太ももの内側にある筋肉群。股関節の内旋によってとくに使いづらくなっている大内転筋、長内転筋 、薄筋の3つがターゲット。

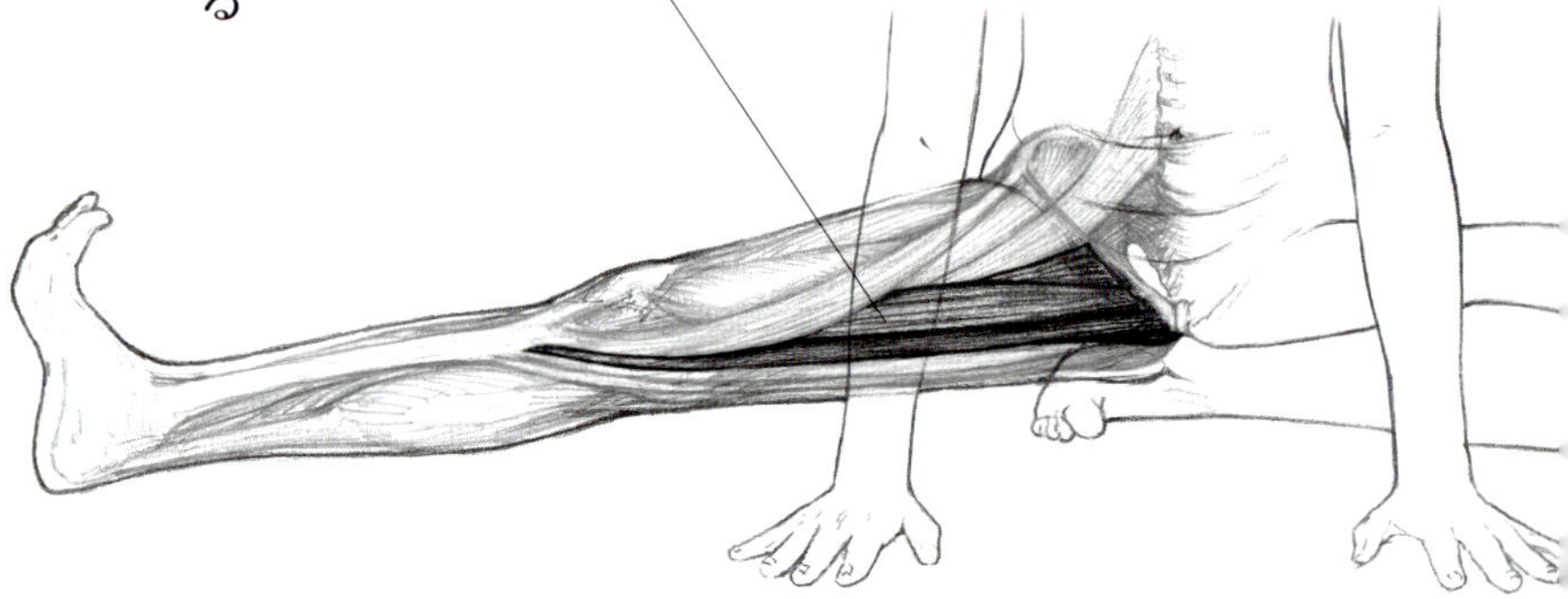

森の美脚理論

太ももの外側はハリ、内側は脂肪でタプタプで悩んでいる人。これは股関節が内旋している人には起こり得ることです。

股関節が内旋すると、お尻の筋肉が広がるように引っ張られて力が入りづらくなります。それによって太ももの裏や内側が使いづらくなり、どんどん脂肪をまとってしまうというわけです。

脂肪の下の筋肉は、使い古しのゴムのように弾力を失っている状態です。内ももをストレッチするポイントは股関節の外旋と、正しくお尻を収縮させること。そして骨盤を前に倒すことです。正しいポジションをつくれると、内ももがしっかりストレッチされます。

Body Design *Hint*

太ももの内側がしっかりストレッチされているのを感じましょう。

開脚は開ける範囲でOK。お尻が浮きそうになったら、浮かないようにしっかり押さえ込みます。

左右 KEEP 60sec

1

開脚をして床に座ります。左の膝を曲げ、両手は体の正面につきます。

2

骨盤からゆっくり体を前に倒して60秒。呼吸は止めないように。反対の脚も同様に行います。

3

骨盤から上手く前へ体を倒すことができない時は、お尻の下にクッションを敷くとやりやすくなります。

LEVEL2

脚の太さを強調してしまう
たるみにカツを入れる

裏外もも

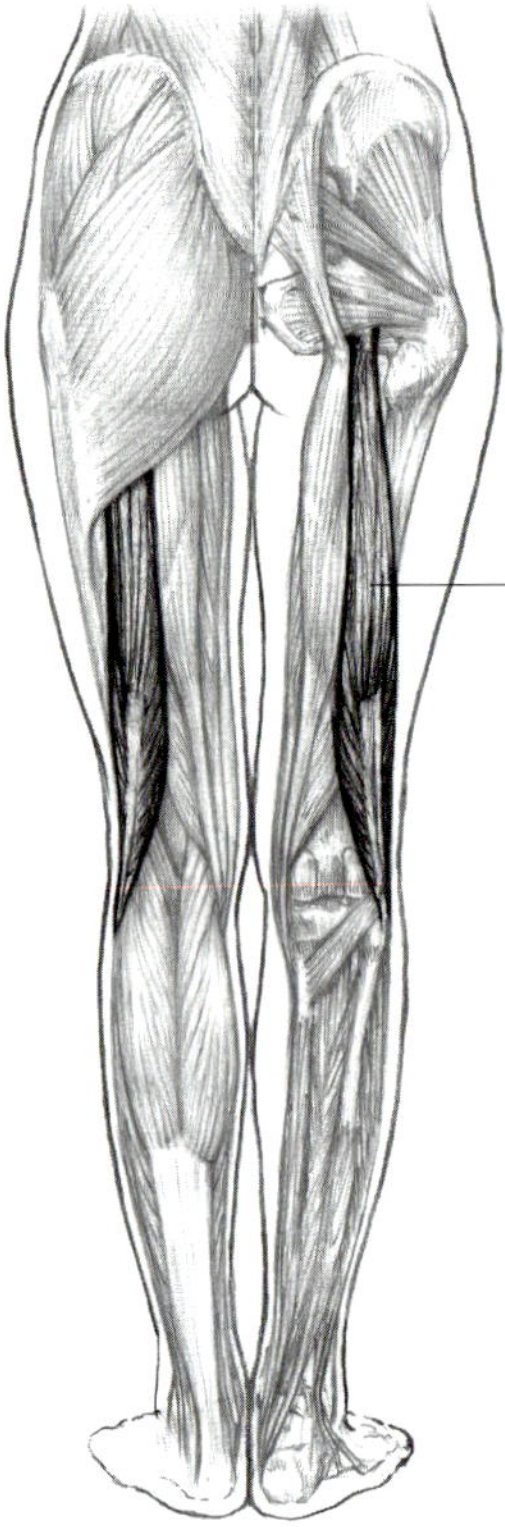

ここに効かせる!

大腿二頭筋

ハムストリングスと言われる4本ある太ももの裏側の筋肉のうち、一番外側にある筋肉。股関節の伸展、膝の屈曲に大きくかかわっている。

動画で解説
Check!

【森の美脚理論】

太もも裏の外側にある大きな筋肉が大腿二頭筋です。この筋肉は、股関節の内旋と、膝関節の外旋によって縮まり、硬くなりやすい筋肉です。

脚がねじれたまま膝の曲げ伸ばしをしていると、さらにねじれた方向へ引っ張ってしまうため、脚の正しい動きを邪魔してしまうのです。

内ももは伸ばすけど、外ももは伸ばさない人が多く、アンバランスな柔軟性になってしまっている人が少なくありません。

裏外ももを伸ばすことで、股関節を外旋、膝関節を内旋しやすく矯正していきましょう。

Body Design *Hint*

太ももの裏側だけでなく、外側もストレッチされているのを感じましょう。

左手が足指まで届かない時は、すねの外側でもOK。

左右 KEEP 60sec

1

長座をし、左の膝を曲げます。骨盤からゆっくり体を前に倒して左手の指先を右足の小指側につけて60秒。反対の脚も同様に行います。

2

骨盤から上手く前へ体を倒すことができない時は、お尻の下にクッションを敷くとやりやすくなります。

正しい座り方？
あまり気にすることはありません
あえて言うなら
「骨盤を前に倒して
太ももの付け根あたり」
で座ることです。

座骨で座る、いすに浅く座る、背もたれは使わない、膝はくっつけて座るなど、正しい座り方には諸説あります。しかし、こうした座り方で長時間いられるかと言ったら答えは「ＮＯ」。

同じ姿勢をしていれば、どこか一ヵ所だけ集中的に筋肉が緊張状態になり、結局、体は疲れてきてしまいます。良い姿勢と言われる状態でも、それなら疲れないというのは嘘で、ずっとそのままの体勢ならば疲れるのは当然なのです。

だから正しい座り方を定義づけすることを、私はしません。あえて言うのなら、骨盤を前傾させて、座骨の少し前の太ももの付け根あたりに体重をかけて座ることです。すると、自然と背筋が伸びます。とはいえ、この座り方も長時間はオススメできません。ときおり姿勢を変えながら、筋肉が過緊張状態にならないようにコントロールします。

床に座る場合は、長座よりはあぐらのほうがベターです。長座は膝を伸ばしているので、前ももが緊張して、逆によくありません。体をＬ字にして座るのは、一見良いと思われがちですが、リラックスのできない緊張姿勢と言えます。むしろあぐらのほうが股関節も外旋していて、自然な座り方だと言えます。

LEVEL 3

Stretch

The third week

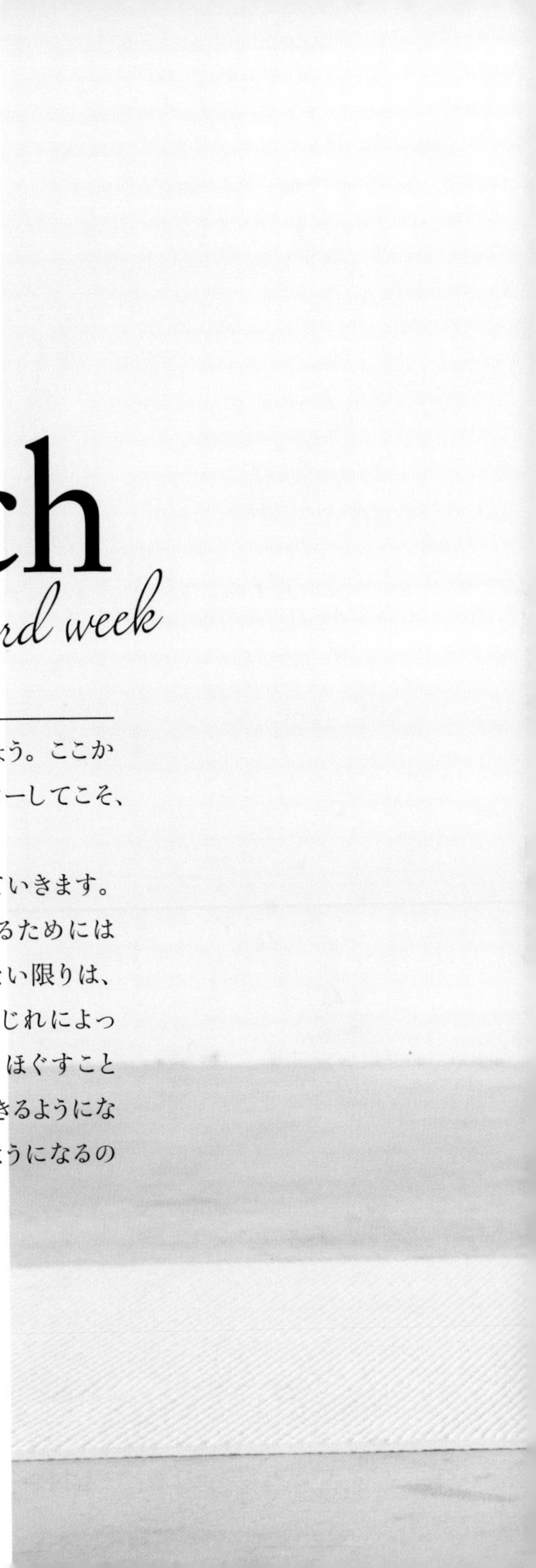

少しずつレベルを上げていきましょう。ここからは基本の4ストレッチを完全マスターしてこそ、より効果の得られるストレッチです。

股関節のねじれをさらに矯正していきます。股関節のねじれは、太ももを形づくるためには大きな問題に。このねじれを正さない限りは、美しい太ももは手に入りません。ねじれによって使いづらくなってしまった筋肉をほぐすことで、ねじれた側と反対への動きができるようになり、結果正しいポジションに戻れるようになるのです。

外もも

外にハリ出した太ももをすっきりさせる

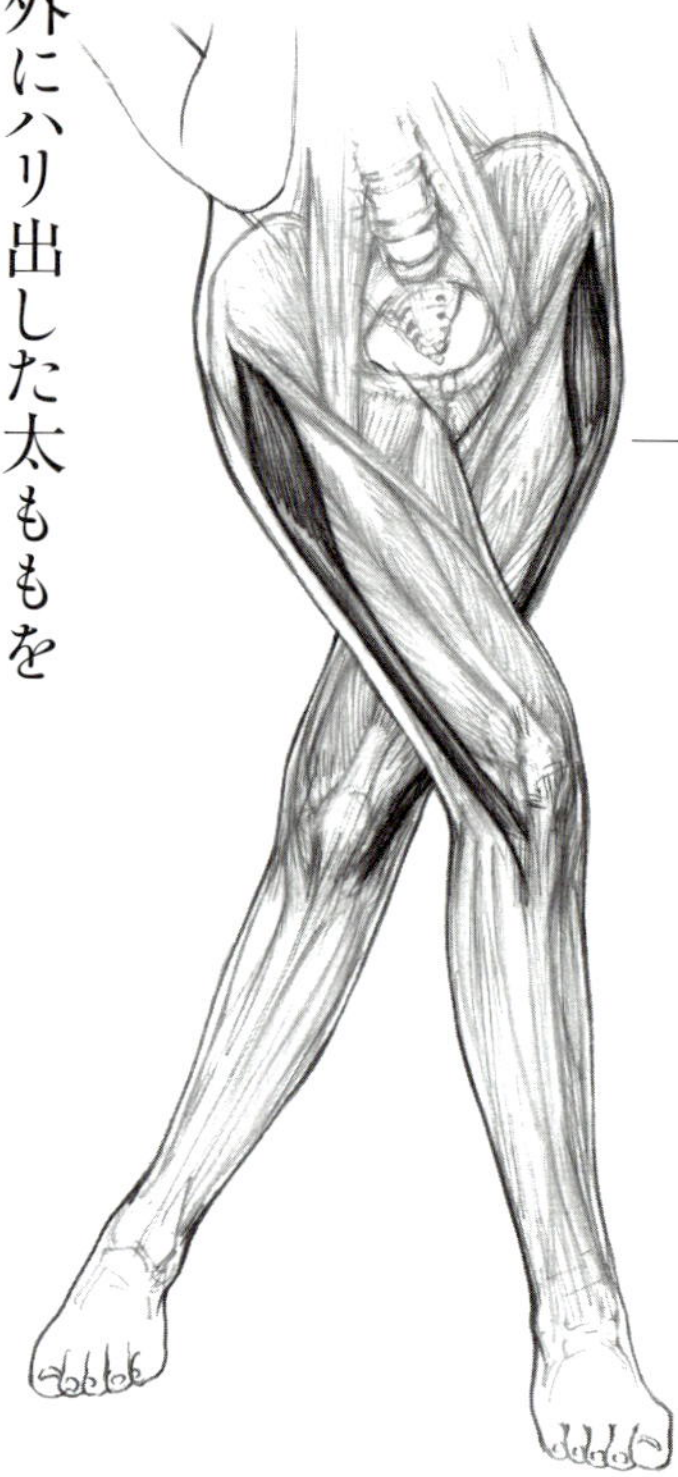

ここに効かせる!

大腿筋膜張筋

腰骨のあたりから太ももの外側、膝、すねに続く筋肉。地面に脚をつく時に脚を支える役割を持つ。正しく歩けていないと、負担がかかり、硬くなりやすい。

動画で解説
Check!

森の美脚理論

外ハリの太ももはスキニーデニムを穿くうえでは最大の敵とも言えます。

ではなぜ、太ももの外側だけ張ってしまうのか。股関節が内旋で使われていると、ももの内側ではなく、外側がよく使われるようになり、さらに内旋でねじれたまま硬くなってしまうのです。

O脚の人は股関節が外側、X脚の人は股関節が前側に内旋しながらハリ出すため、太ももは外側に力がかかり、筋肉も外側に引っ張られる状態に。これが外ハリをつくってしまうのです。ハリ出した筋肉を元の位置に押し込むような感覚でストレッチをすると、股関節に外旋する力が加わり、ねじれ解消、太ももの外ハリ解決となるわけです。

Body Design *Hint*

脇腹ではなく、脚の外側が伸びていることを確認しながら行います。

左右 KEEP 60sec

2

左側の骨盤を外側へ突き出すようにして、頭から骨盤までが一直線になるように体を右に倒して60秒。反対も同様に行います。

1

左脚を一歩後ろに引き、右脚とクロスさせます。膝は軽く曲げましょう。

脚をクロスさせて
スタートポジションをつくる

左脚を一歩後ろに引いたら右にスライドさせて右脚とクロスした状態にします。膝を軽く曲げ、足に体重をかけましょう。両手は胸の前で組みます。

1

体幹は曲げず
一直線に

骨盤を突き出すようにして
太ももの外側をストレッチ

左の骨盤を外側に突き出し、頭から骨盤までが一直線になるように体を右に60秒倒します。反対も同様に行います。

左右 KEEP 60sec

腰を横に
突き出す

正しく動けば、ここに効いているはず！

○ 太ももの外側が伸びる
✕ 体側が伸びる

上半身から横に側屈するのではなく、頭から股関節を一直線にして、腰を横に突き出します。内ももに力を入れるようにすると、ももの外側が伸びやすくなります。

2

LEVEL3

お尻

平べったいお尻をぐっと上向きに変える

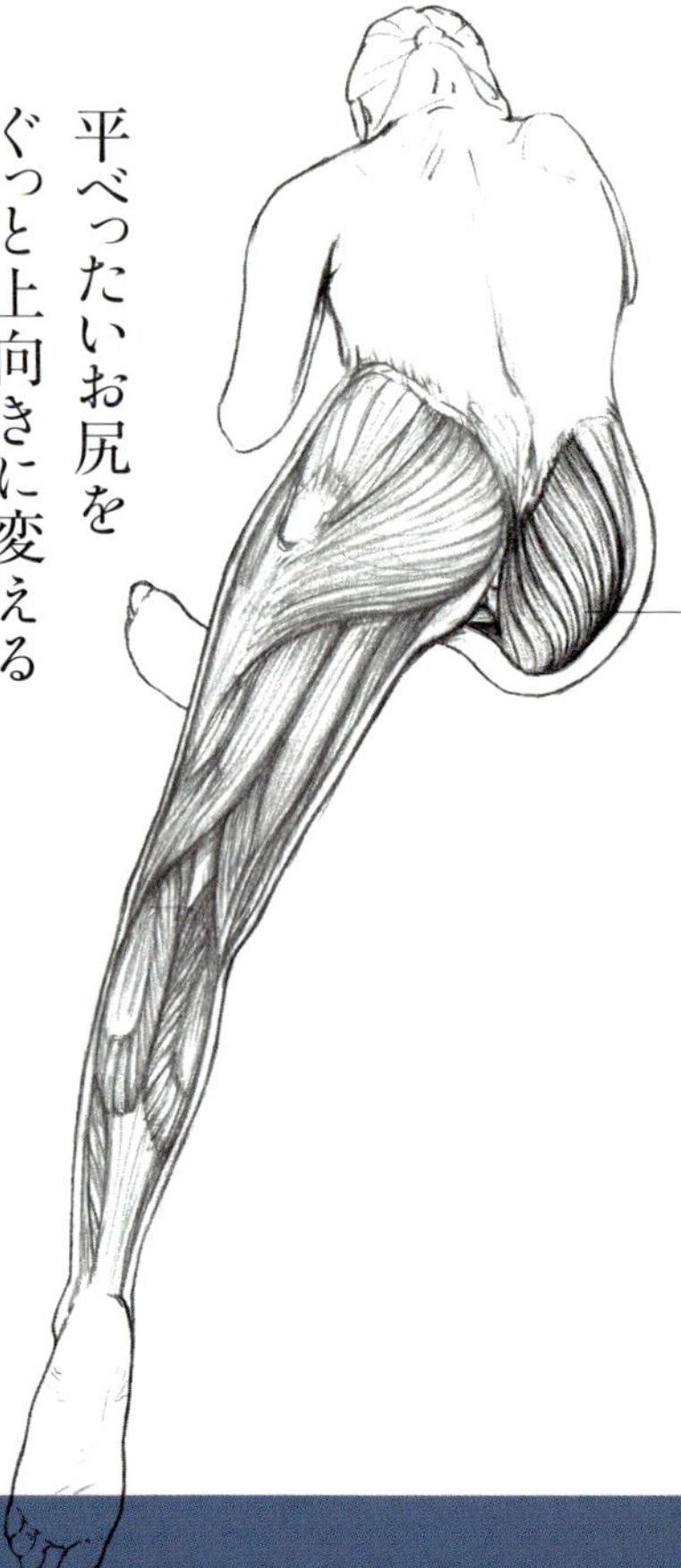

ここに効かせる!

大臀筋

お尻の筋肉のうち、一番表層にある大きな筋肉。歩く、走るといったすべての動作にかかわり、股関節を外旋するのに働かざるを得ない筋肉でもある。

動画で解説

Check!

【森の美脚理論】

股関節が内旋でねじれたまま生活していると、どんなトレーニングも効果は半減。日々の生活のなかで、ねじれた状態がニュートラルだと思い込んでしまいます。そのため、太ももの外側はハリ出すばかり。内側や裏側は使えない状態が当たり前になり脚のラインが崩れていくのです。

長年股関節の内旋で固まってしまっていると、上手く矯正ができません。特にお尻の奥の筋肉が硬くなっていると、股関節の正しい動きを邪魔して、外もものハリをつくる原因となります。正しくお尻を伸ばし矯正されると、股関節の外旋がしやすくなり、外側のハリを減らしてくれます。

Body Design *Hint*

お尻の奥側の筋肉がしっかり伸びていることを意識し、ストレッチを行います。

右膝を曲げられない人は、角度を90度より緩くします。

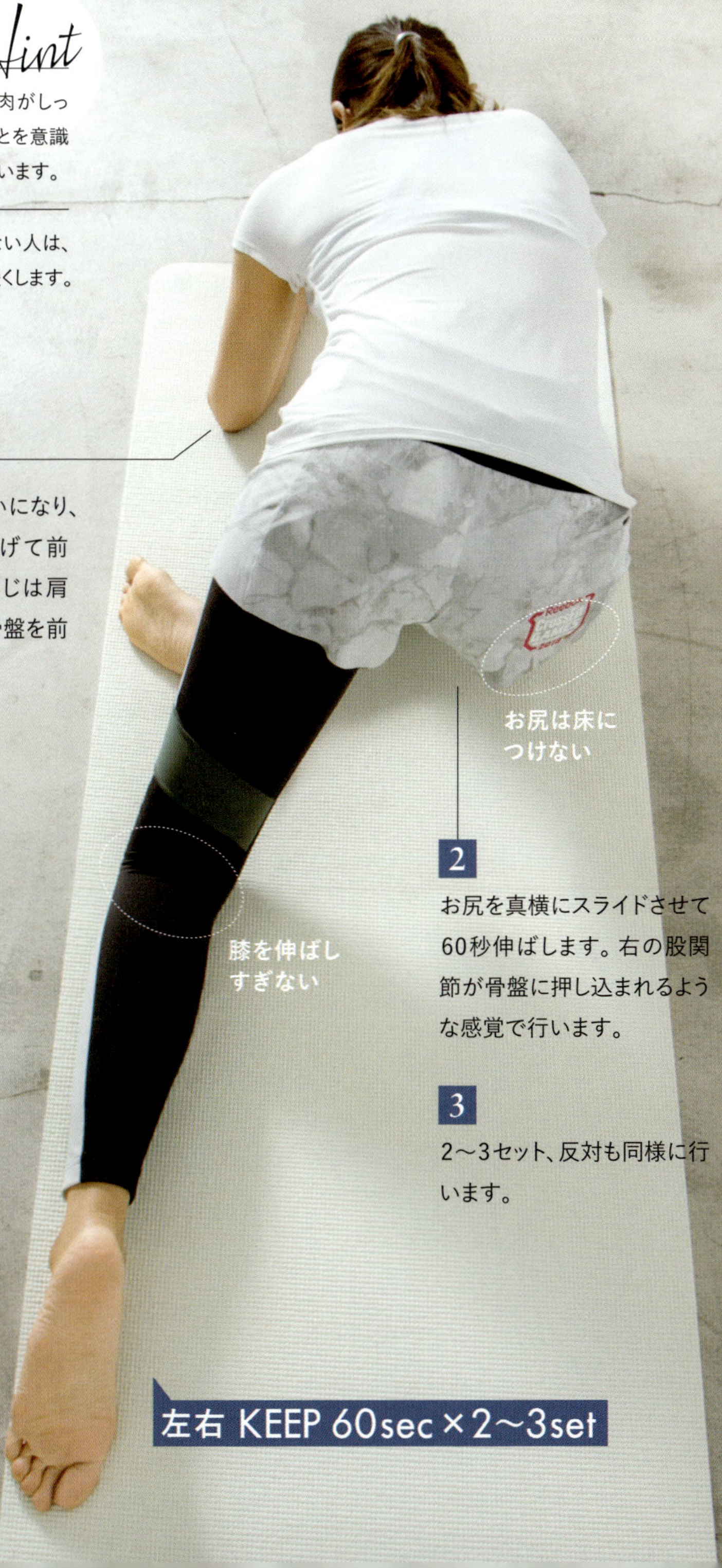

1

床に四つん這いになり、右膝を90度曲げて前に出します。ひじは肩の下について骨盤を前に倒します。

2

お尻を真横にスライドさせて60秒伸ばします。右の股関節が骨盤に押し込まれるような感覚で行います。

3

2〜3セット、反対も同様に行います。

左右 KEEP 60sec×2〜3set

LEVEL3

腓腹筋と似て非なる筋肉
上手に使えば美ラインができる

ふくらはぎ

ここに効かせる!

ヒラメ筋

つま先立ちをすると、腓腹筋とともにギュッと収縮するのがヒラメ筋。ヒラメ筋は深層部にあり、ストレッチしてもわかりづらいことがあります。

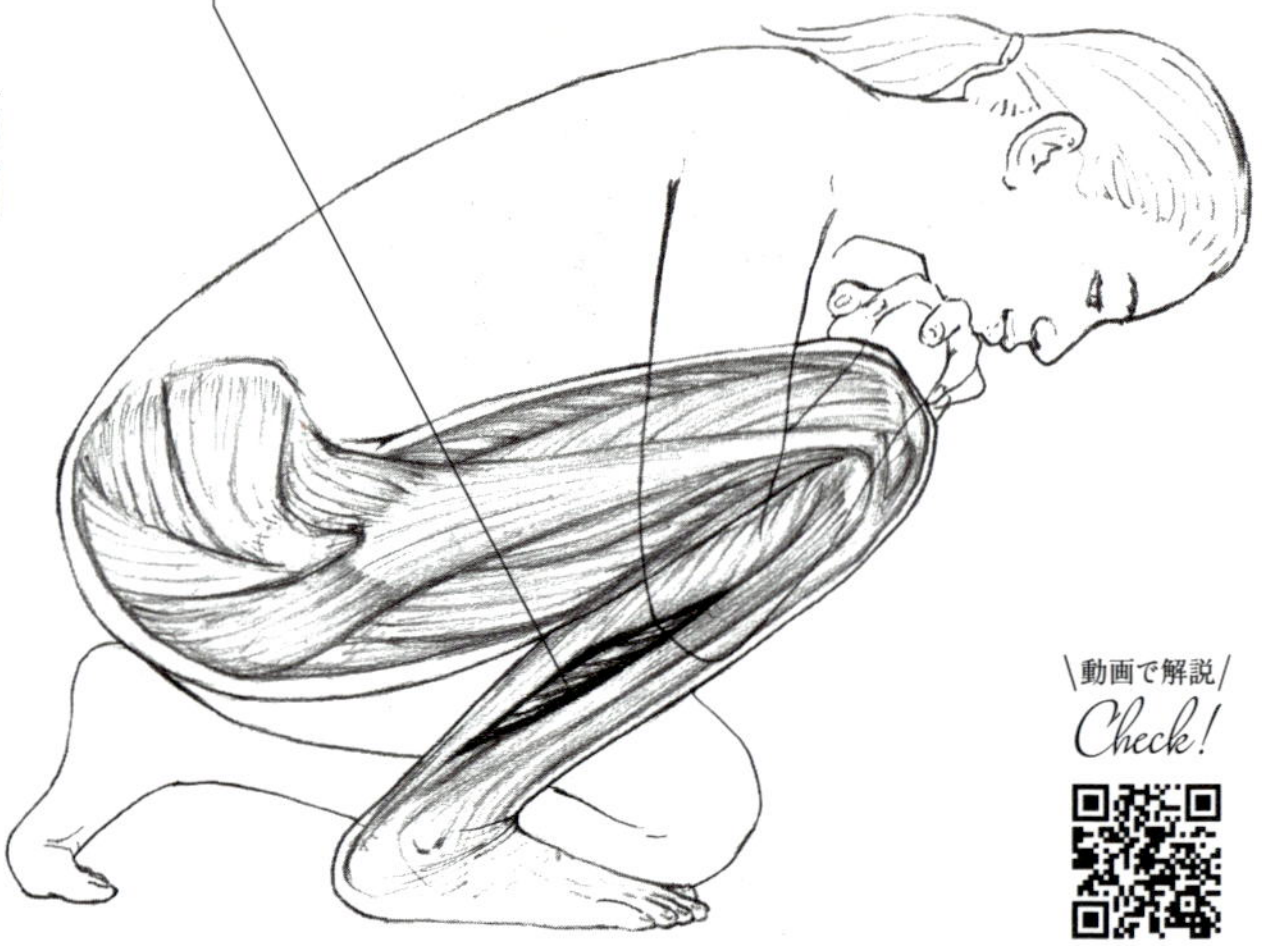

動画で解説
Check!

森の美脚理論

ふくらはぎの美しいラインをつくるポイントは、腓腹筋とヒラメ筋の2種類の筋肉をどのように使うか。

ふくらはぎの表層部の腓腹筋は、足首を使って地面を蹴るようにして歩いてしまうことで、鍛えられすぎてしまい、ムキッとします。一方、深層部にあるヒラメ筋は鍛えづらく太くなりにくいのが特徴。ですから、ヒラメ筋を使えるようなストレッチをすれば脱ししゃも脚になるというわけです。

ヒラメ筋は、そもそも硬い筋肉なので伸びている感覚がわかりづらいのですが、続けることで感覚が研ぎ澄まされます。また、ふくらはぎのストレッチはむくみの解消にもなります。

Body Design *Hint*

ふくらはぎの奥のほうがじんわり伸びている感覚があります。正面から見た時、足首の真ん中と膝のお皿は垂直になるように。膝が内側に入らないように注意。

左右 KEEP 60sec×2〜3set

1

左の膝を床につけて片膝立ちをします。

2

右の膝に両手をのせて、体重をかけてふくらはぎを60秒伸ばします。かかとは少し浮いてもよいので、前脚に体重をかけて、かかとを地面のほうへ押し込む。

3

2〜3セット、反対の脚も同様に行います。

LEVEL3

＋ Exercise

動画で解説 Check!

ヒップリフト

伸ばした筋肉の対の筋肉を縮めて3ヵ所を攻める

ここに効かせる!

腹直筋、大臀筋、大腿直筋

お腹の前面、真ん中部分の腹直筋、お尻の大臀筋、太ももの前の大腿直筋の3つがターゲット。股関節が内旋していると、腹直筋と大臀筋は使いづらい筋肉、大腿直筋は使いすぎの筋肉に。

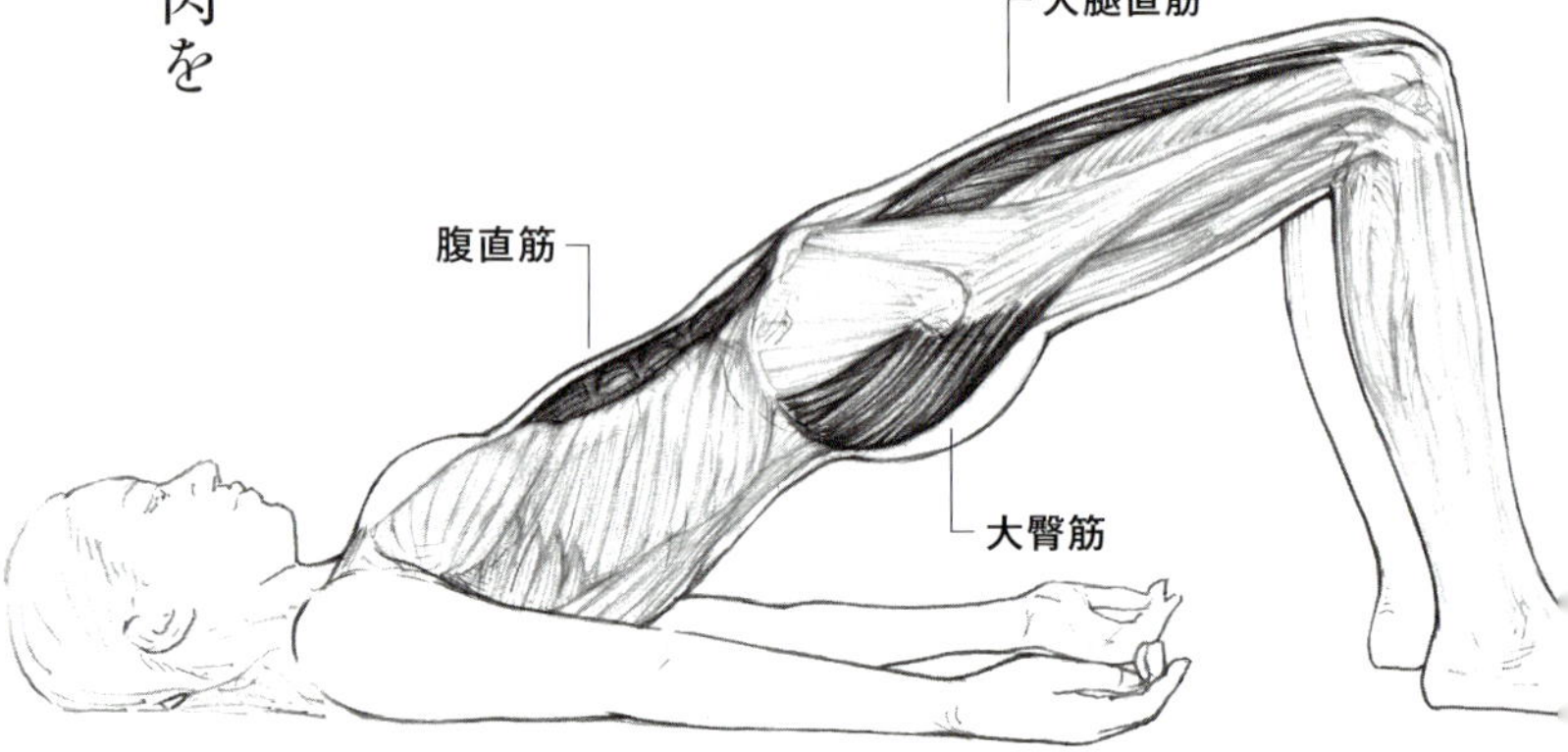

【森の美脚理論】

ありとあらゆる筋肉にアプローチして股関節を外旋方向にもっていきます。美脚の要はお尻。しかし股関節が内旋していると、お尻を上手く使えません。

同時に太ももの内側、裏側、下腹部も連動して使いづらくなります。ですから脚が内側にねじれた人は、外ハリ脚に四角いたるんだお尻、ぽっこりお腹の三重苦を抱えている人が多いのです。

お尻の筋肉である大臀筋と、腹直筋を縮めることで、この反対側にあって対になる前ももの大腿直筋を伸ばしていることになります。つまりこの動きは、内旋している時と真逆の使い方をしているため、ねじれの矯正になるのです。

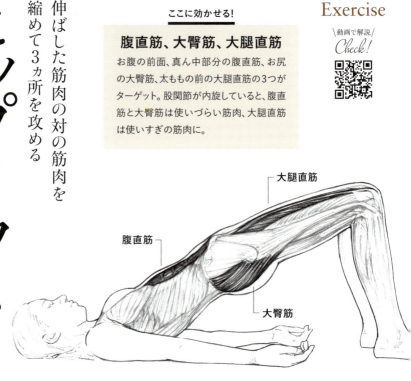

Body Design *Hint*

お尻をギュッと締め、お腹にも力を入れて。前ももがストレッチされているのを感じます。

KEEP 60sec×2〜3set

1

尾てい骨からすくうようにかかとで地面を押してお尻を上げます。脚は肩幅くらいまで開きます。

2

その姿勢から腰を上げて60秒。お尻と腹筋を同時に使うことで、対になる前ももが伸ばされれば正解。使うべき筋肉と伸ばされるべき筋肉が矯正されていきます。

骨盤は後傾に!

仰向けになって
膝を曲げる

仰向けになり膝を立てます。膝は肩幅に開き、90度より小さくします。お尻を上げた時に、かかとの上に膝がくるようにします。

1

正しく動けば、ここに効いているはず！

○ お腹に力を入れる
✕ 腰がそる

お腹に力が入っていないと、腰が反りやすくなってしまいます。手のひらでみぞおちあたりを抑えて、お腹にもしっかり力を入れます。

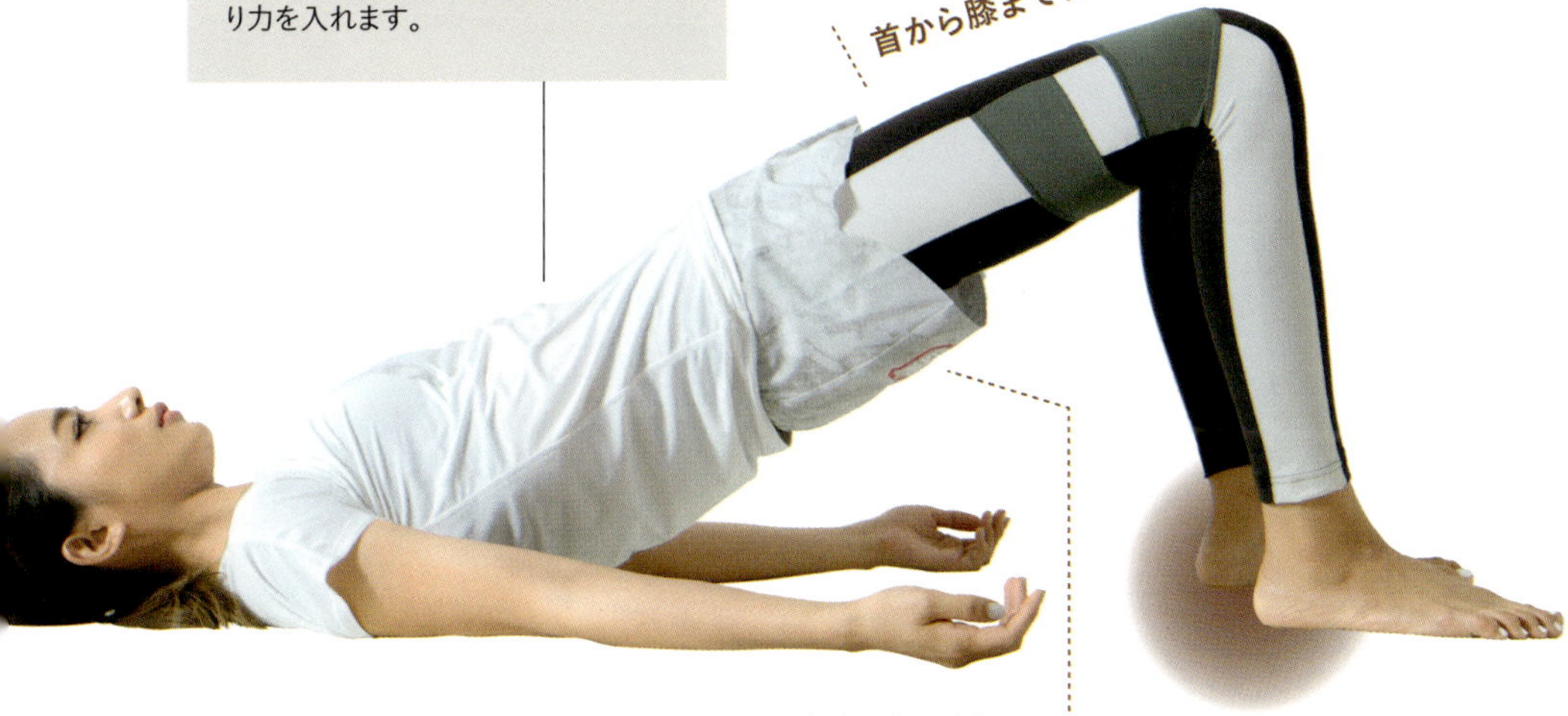
首から膝までは一直線
お尻はエクボができるくらい力を入れてキープする
かかとで地面を押す

お尻で体を持ち上げ 手で下に力をかけて尻トレ

尾てい骨からすくうようにお尻を上げ、腹筋は反対に腰が反らないように下へ押し込みます。前ももがストレッチされた状態で60秒キープを2～3セット行います。この時、太ももの前はストレッチされている状態。終わったら背中から順番に降ろします。

KEEP 60sec×2～3set

2

階段の登り方は
人それぞれ
「骨盤が前脚に
早くのる」のであれば
それが正解。

足裏全体をついて階段を登ると安定して、股関節やお尻を使いやすい。ヒールの高い靴のときは、靴の前半分だけつくほうがラクに登れるなど、階段の登り方は人それぞれで正解がありません。ただし、条件として言えるのは、前脚にいかに早く重心を移動できるのか、ということです。

階段を登る時は、次の段にのっている前脚に意識がいきがちですが、そうすると、太ももの前を踏ん張って使ってしまっていることがほとんどです。だから太ももの前が疲れた感覚を早く覚えるのです。意識してほしいのは、段にのっている前脚ではなく、後ろ脚です。着地した力をばねに変えてぴょんと弾むような感覚で引き上げると、お尻や股関節を自然と使うことができて、お尻から裏ももが引き締まるのです。

また、腰をプリプリしながら歩く人も、改善の余地あり。腰を振って歩いているのは、股関節の仕事を腰が代償してしまっている証拠です。理想は、骨盤はまっすぐであること。腰の前側のグリっと突き出た骨と恥骨が床と垂直になっているのが骨盤がまっすぐな状態です。股関節や大臀筋が使いやすくなり、太ももの前や外側の仕事を少し減らせます。

LEVEL4
Stretch
The final week

LEVEL4では、これまでの集大成と言うべきストレッチを揃えました。正確にできないストレッチがあったら、もう一度基本の4ストレッチに戻ってください。基礎ができてこその上級なので、無理に行ってもできるようにはならず、むしろ逆効果になる可能性もあります。

股関節は外旋に、膝関節は内旋に矯正して、外ハリ脚もしじゃも脚も、平べったい四角いお尻も、たるんだ内ももすべてを解消。あなたの美脚のポテンシャルを最大限まで引き出すストレッチです。

Reebok
CrossFit

LEVEL4

膝

太ももスラリ、ふくらはぎスッキリ
股関節と膝のゆがみを解消

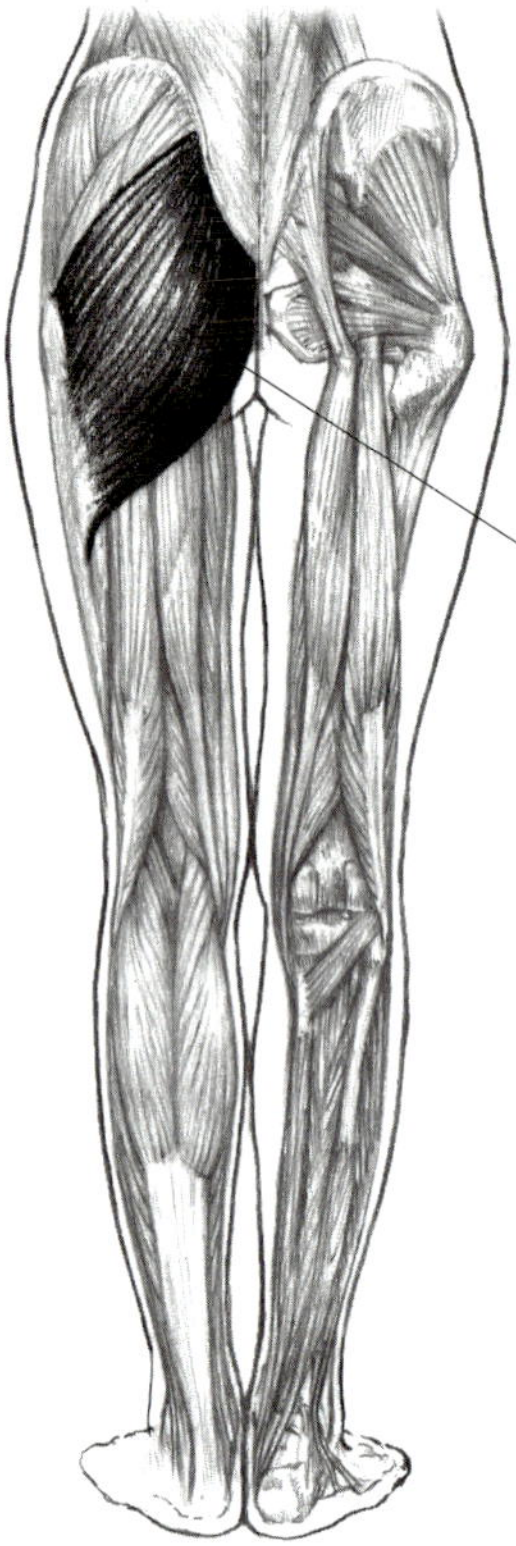

ここに効かせる!

大臀筋

お尻を締め上げて、大臀筋を使うことによって、股関節を外旋方向に矯正。ねじれ解消のストレッチのなかでも、大臀筋を使うものは最も重要。

動画で解説
Check!

森の美脚理論

基礎のストレッチで紹介した膝関節のストレッチ（P40〜41）を、両脚同時に行って、お尻を締め上げるストレッチです。できない場合は片脚ずつ行う基礎のストレッチに戻ってください。

膝のねじれの解消と、お尻を締めることで、股関節の矯正にもなり、まさに一石二鳥のストレッチです。

膝のねじれが大きいX脚の人は、ねじれを矯正すれば、膝下をすらりと美しく見せてくれます。また、股関節が外にハリ出して、太ももの外側がパンパンなO脚、XO脚の人はお尻を締めることで、股関節を外旋へと促すので、太ももが外にハリ出しづらくなります。

Body Design *Hint*

膝をしっかり外側に向けられようになれば、膝のねじれが解消した証拠。お尻に力を入れて締め上げられるということは、股関節のねじれも矯正されているはずです。

10 times

2

膝を曲げたら膝のお皿を外に向けながらお尻を締めていきます。膝の外旋の矯正と、股関節の内旋の矯正を同時に行います。

1

両脚を揃えて立ちます。

膝、足先を
くっつけて立つ

軽く膝を曲げ、左右のつま先を揃えて立ちます。左右の膝はくっついた状態にしましょう。

1

膝と股関節を同時に矯正できるストレッチ

膝は曲げたまま、膝のお皿だけを外に向けます。膝のお皿を外に向けたまま、お尻を締め上げるようにして膝を元の位置に戻す。これを10回行います。

10times

正しく動けば、ここに効いているはず！

膝を開いた時に、足の親指が浮いてくることがありますが、しっかり押さえ込んで、浮かないようにします。お尻を締め上げた時に、恥骨が前へ出るようにしましょう。

2

LEVEL4

腰

歩く動作に近い筋肉を使って
きれいなウォーキング
フォームを手に入れる

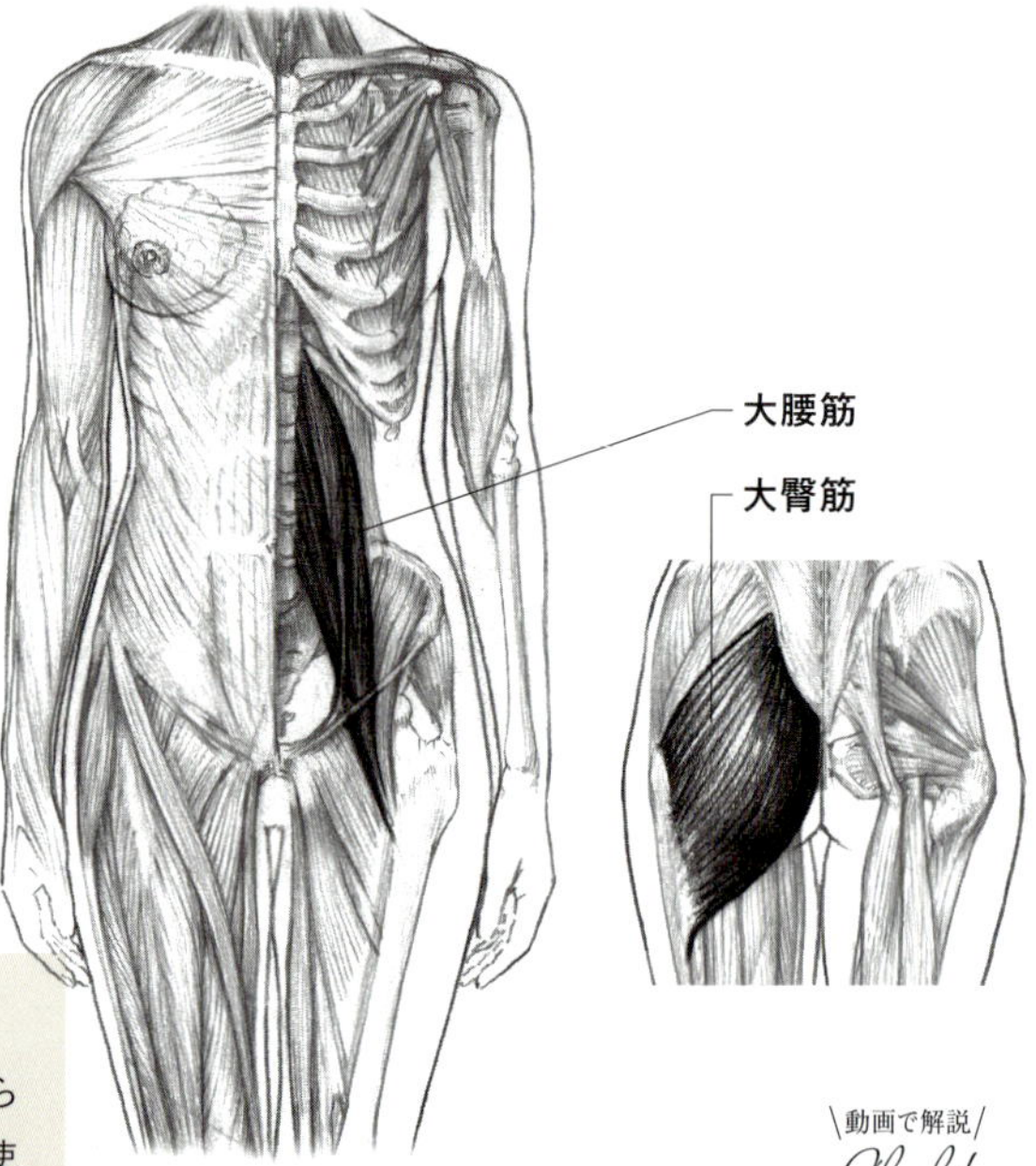

ここに効かせる!

大腰筋、大臀筋

脚を前後に開いて、大臀筋と、腰から脚の付け根あたりにある大腰筋を使い体幹を安定させる。それによって、太ももやふくらはぎの負担を軽減できる。

\動画で解説/
Check!

【森の美脚理論】

脚を前後に開くと、歩く動作に近い筋肉の使い方をするので、正しいポジションへと導いてくれる動きになります。

歩く時、左脚の大腰筋が使われていれば、反対の右脚の大臀筋が使われます。大腰筋と大臀筋は、互いが対になって働き、互いが使われることで動きがスイッチしていくのです。しかし、大腰筋が使われなければ、大臀筋を使うことができません。上手くスイッチができないと、すべて前ももや外ももを使ってしまい、ふくらはぎも使いすぎてしまうという悪循環に陥ります。

そうならないためには、股関節や膝のポジションを整えて、体幹まで正しくつながる体にする必要があるのです。

Body Design *Hint*

後ろ脚の付け根部分がしっかり伸びているのを感じながら、お尻はしっかり締めます。

左右10times × 2set

1

右脚を一歩前に出して、かかとが膝より前にいくように置きます。

2

後ろ脚に体重をかけながら、後ろ脚の付け根が伸びるように上体を上下にバウンドさせます。

立ち膝から一歩脚を前に出してからスタート

立ち膝をして右脚の膝を立てて一歩前に出します。右の膝の真下より少し前にかかとが、左脚の骨盤の真下に左膝がくるようにします。

1

上半身を上下にバウンドさせて
脚の付け根を伸ばす

左膝を床から少し浮かせると、左の前もも付け根のあたりの筋肉が伸びるのを感じます。その姿勢で膝は浮かせたまま上体を上下に10回バウンドします。反対の脚も同様に2セットずつ行います。

左右10times × 2set

正しく動けば、ここに効いているはず！

○ 後ろ脚の付け根が伸びている
× 前脚の太ももの前がつらい

上半身が前かがみになってしまうと、大腰筋はまったく伸びません。それどころか太もも前を鍛えることになりかねません。体重は後ろ脚にのせることで、大腰筋のストレッチになります。

2

すね

すねをほぐせば
ししゃも脚になりづらい

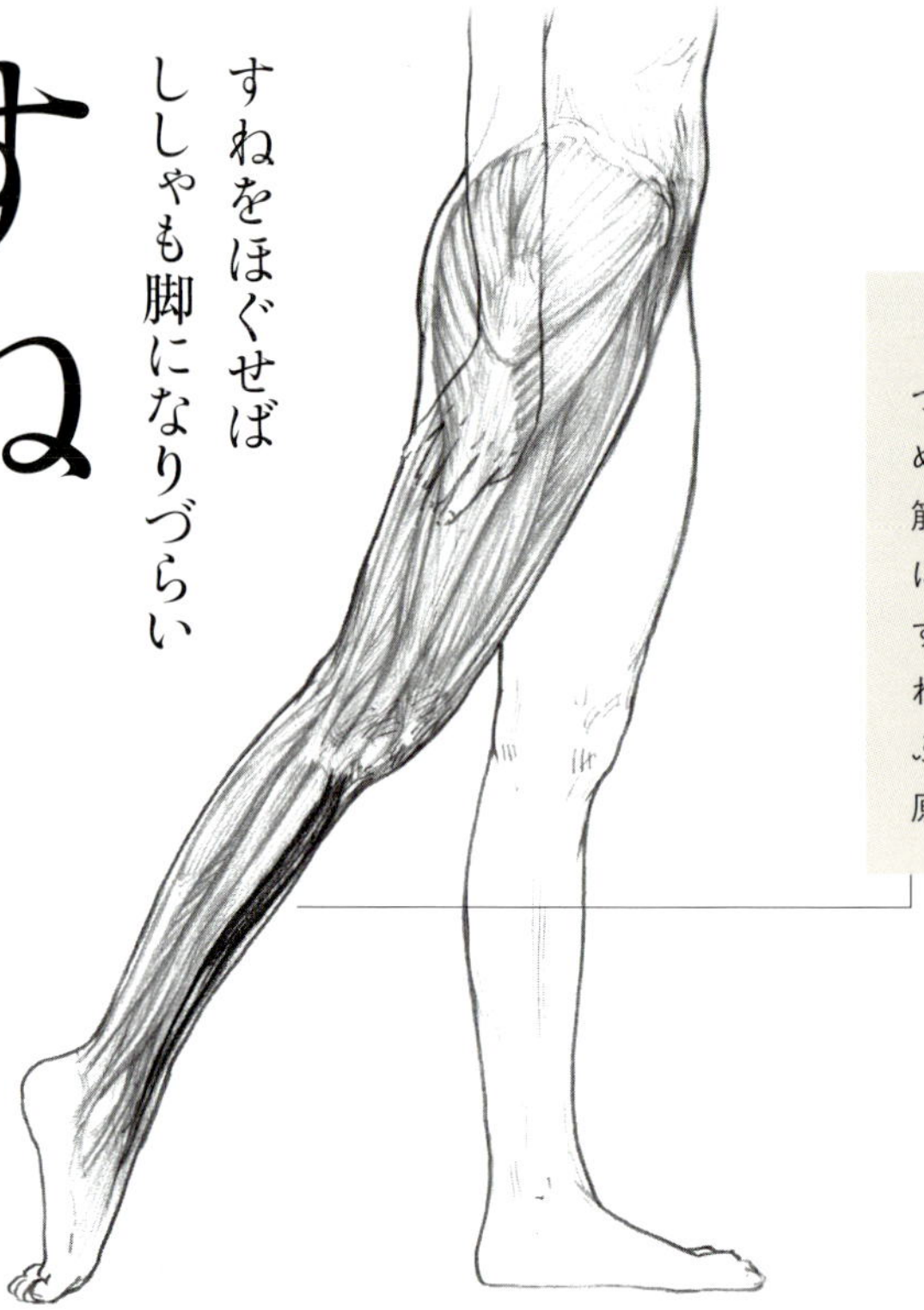

ここに効かせる!

前脛骨筋

つま先を持ち上げるための筋肉である前脛骨筋。硬くなると、歩く時に足首をまっすぐ動かすことができなくなって、ねじれた使い方になり、ふくらはぎを太くする原因になる。

\動画で解説/
Check!

森の美脚理論

LEVEL1の腓腹筋（P58）とLEVEL3のヒラメ筋（P78）のふくらはぎのストレッチと併せて、すねの前脛骨筋をストレッチし、関節や筋肉が正しいポジションで動けるようにします。

　腓腹筋やヒラメ筋を正しく使うためには、その裏にあるすねの前側である前脛骨筋がしっかり伸びなければいけません。膝からつま先がねじれることなくまっすぐに伸びることで、前脛骨筋が正しく矯正され、足首の引っかき動作を減らすことができます。

　内返しの引っかき動作をしていると、ふくらはぎの横幅が広くなってしまうため、つま先がまっすぐを向くように矯正しましょう。

Body Design *Hint*

膝、すね、つま先までがしっかりまっすぐになっているのを意識して行います。足首が内返しにならないように注意しましょう。

左右 KEEP 60sec

1

右脚を一歩後ろに引き、足の甲を伸ばしてつま先だけを床につけます。

2

前から見ると、親指、内くるぶし、すねがまっすぐになるようにし、60秒2セット。

3

反対の脚も同様に行います。つま先が痛い時は、タオルを敷いて行います。

LEVEL4
+
Exercise

\動画で解説/
Check!

ワイドスクワット

伸ばす、縮めるを同時に実感
ゆがみを強力に矯正

ここに効かせる!

大臀筋、内転筋群

股関節が内旋することで使いづらくなる大臀筋と太もも内側の内転筋。筋肉がつきづらく、脂肪はつきやすい。美脚を阻む2ヵ所に同時にアプローチ。

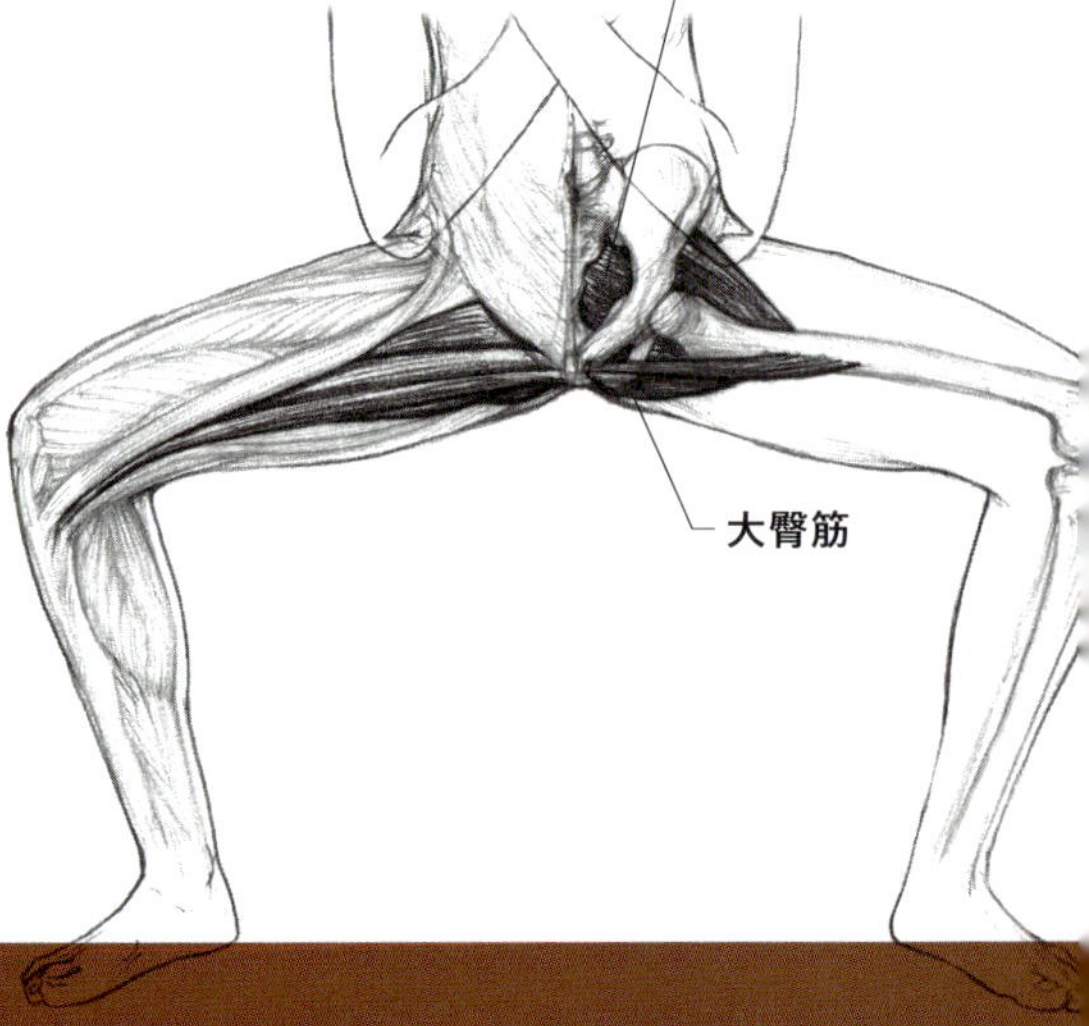

森の美脚理論

大臀筋と内転筋群の伸張と収縮の両方の感覚を、1種類のエクササイズで感じられるのがワイドスクワットです。

内転筋群も大臀筋も、伸ばしてストレッチをかけることで、普段あまり使っていなくて古びてたるんだり、縮んだりしてしまった筋肉をほぐします。

また内転筋群と大臀筋が収縮することで力を入れやすくなり、内旋している股関節を2つの筋肉が外旋方向へと引っぱり、ねじれを矯正してくれます。

これらを同時に行うので、難易度は今回紹介したストレッチの中ではマックス。もしできないようなら、LEVEL3大臀筋のストレッチ（P76〜）でお尻をほぐしてから行いましょう。

Body Design *Hint*

太ももの筋肉とお尻の筋肉が同時に伸びていることを感じながら行います。

10 times × 2〜3 set

2

ゆっくり腰を下ろしてから元の姿勢に戻ります。10回2〜3セット、行いましょう。回数よりフォームを正しく丁寧に行います。

1

脚を肩幅程度に開いて立ちます。つま先は30度、膝のお皿は45度開きます。

つま先と膝の
角度によって刺激が入る
筋肉が変わってくる

肩幅程度に脚を開いて立ちます。つま先は30度開きます。膝は45度外側を向くように意識します。手は胸の前でクロスさせます。

膝頭は45度、
つま先は30度を死守
45度
30度

1

お尻をプリッと
前傾させながら
腰を落としていく

股関節の外旋を意識して膝を外側に開き、お尻が床と平行になるまで落とします。次にお尻にえくぼができるように、締め上げながら立ち上がります。フィニッシュでは、お尻をしっかり締めて、膝は伸ばしきらないようにしましょう。10回2〜3セット行います。

10times × 2〜3set

正しく動けば、ここに効いているはず！

○ お尻に効いている
× 太ももの裏側や前に効いている

お尻を落とした時に、太ももの裏側に効いているのは、上体が前かがみになりすぎているからです。前ももに効いている場合は、股関節の外旋が甘く、膝が内側に入っているためです。

2

LEVEL4

＋

Exercise

＼動画で解説／

Check!

美脚締め

縮めている筋肉を意識して
全身のゆがみを矯正

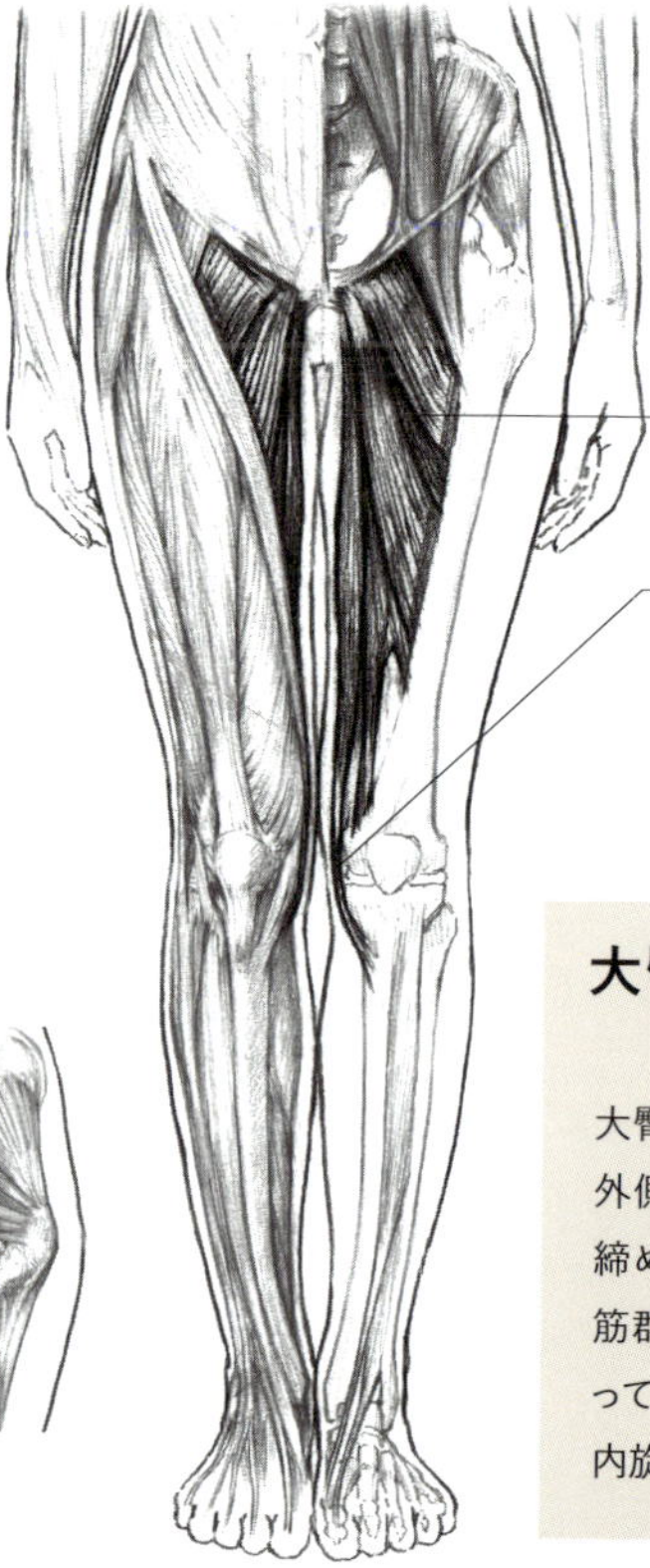

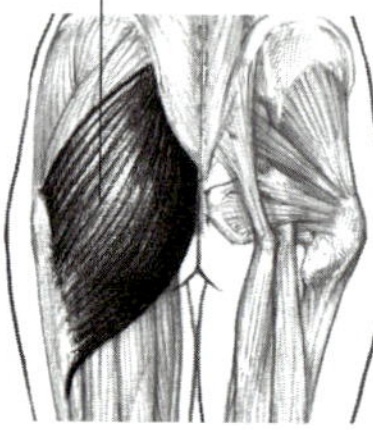

ここに効かせる!

大臀筋、内転筋群、膝関節

大臀筋に力を入れることで、外側にハリ出した太ももを締め上げる。同時に、内転筋群にも力が入りやすくなって引き締まる。膝関節は内旋方向に矯正できる。

【森の美脚理論】

美脚の大敵は、クドイほど言いますが「股関節の内旋と膝の外旋」。たったこれだけのことです。これを矯正するには、「股関節は外旋方向に、膝は内旋方向に矯正」する。つまりゆがみと反対側の動きをすることで、正しいニュートラルのポジションに戻してゆがみを解消させます。

外に広がりがちな脚を、お尻の大臀筋、太ももの内側の内転筋群に力を入れてギュッと締めることで、股関節や膝を正しいポジションにもっていく筋肉を鍛えます。名付けて「美脚締め」。ここまでで関節のねじれが解消できていれば、これでまっすぐな脚をつくる仕上げができるのです。

Body Design *Hint*

足の親指、膝、内もも、お尻のすべてにギューッと力が入っているのを感じながら行います。膝は開かないように。

KEEP 60sec

外旋を
意識する
クリアファイルなど
薄いものを挟むとよい
親指に体重をのせる

1

肩の高さくらいに手を開いて壁につき、立ちます。手の親指は天井に、他の四指は外側を向くようにします。

2

後ろに下がり、足をくっつけてかかとを上げ、頭からつま先まで一直線にし、足首、膝、太ももの内側に力を入れて60秒キープ。

高橋メアリージュンさんへ

一問一答

Interview & Research

その美習慣、マネさせてください!

引き締まった脚に、キュッと上がったお尻。

遠くまで通る声に、キュッと口角が上がるはつらつとした笑顔。

どれもがお金では買えないものばかり。

これが、どんな服を着て、どんなメイクをして、誰といても

変わらない高橋メアリージュンの土台。

どこで、どんなふうに手に入れたのか、知りたいと思いませんか?

Q1

メアリーが目指す、理想の脚は？

Answer

スポーツしていることがわかる引き締まった脚です

きれいな脚ということを考えると、細いことよりも、どこにどれだけ、どんなふうに筋肉がついているかを思わず見てしまいます。

お尻が引き締まっていて、太ももは内側も裏側も適度に筋肉がついている。ふくらはぎも、棒のように細いのではなく、きれいなカーブを描いてハリがあり、キュッと締まった足首。生まれ持った骨格の細さや脂肪のつきにくい体質だけではこういう脚にはなりません。まさに努力の結晶と言うべき脚。つまり、スポーツやトレーニングをして鍛えている脚は美しいですね。

反対に、どんなに細くても、残念に見えてしまうのがO脚やX脚、XO脚。歩き方や体のクセによって、ゆがんでしまい、アンバランスに筋肉がついている脚です。太さはさほどなくても、太く見えてしまったり、筋肉がついている部分と、たるんでいる部分があったりして、ハリや締まりがなくなってしまうのだと思います。

ICE CREAM DISH
and ROA
COF
little Orders
ORDERS
WAYS WELCOME

MARLOW&CANDY

Q2

美脚になるために習慣にしているケアは？

Answer

むくみのケアは重要。
その日の疲れはその日のうちに。

とにかくむくみやすい体質で、脚のケアは特に撮影前後は入念にしていますね。長時間立ちっぱなしだったり、疲れがたまったりすると、すぐにむくんでしまって、体重も1.5〜2kgくらいは増えてしまいます。

むくんだ時はまず、お風呂でのマッサージ。エステ、鍼、サウナ、やれることは何でもやっています。仕事で疲れている時は面倒だな、と思うこともありますが、でもむくんだその時にケアするとしないでは翌日に大きな違いが出ます。

もうひとつは下半身を使うトレーニングです。バーベルを直立姿勢になるまで持ち上げるデッドリフトというトレーニングがありますが、使うのは腕より太ももとお尻。はじめは30kgのバーベルでしたが、最近は男性顔負けの70kgを持ち上げます。その成果が今の私の脚をつくっています。

Q3

脚をきれいに見せる オススメファッションは？

Answer

脚長効果のハイウエストをチョイス。でも普段の靴はローヒールです

せっかくの美脚も、パンツや靴の選び方によっては、その魅力が半減してしまうこともあります。だからパンツと靴のチョイスは重要だと考えています。

パンツを選ぶ時は、まずハイウエストのものを。トップスをインした時に、脚長効果を最大限に発揮できます。そしてシワの入り具合と場所も、入念にチェック。前ももに横シワが入るのは前ハリを強調してしまいます。股関節部分もゆったりしすぎているとやぼったく見え、ぴったりしすぎていると下半身を強調してしまうので、適度な緩さがポイントです。

そして靴のヒールは7cmくらいかな……。高いほど脚は長く見えますが、膝を曲げながら歩くようになってしまっては台なしです。歩きやすくて、きれいな姿勢がキープできるベストな高さはこのくらいかな。普段はフラットな靴が多いのですが、ドレスアップする時は、膝を伸ばしてヒールの高い靴を履きます！

Q4

コンプレックスはありますか？

Answer

もちろん、コンプレックスがあるから努力できる

トレーニングによってずいぶん解消されましたが、やはり太もものハリと背中の硬さは私の弱点でもあり、コンプレックスでもあります。

太もものハリは、股関節が上手に使えないために、どうしても前ももばかり使ってしまうクセがあったのですが、その原因は森さんのところでトレーニングをするようになって判明。すごくスッキリしました。

もうひとつは15歳でダンスを始めた頃から気にしていた背中や肩の硬さ。腕を上げても耳につかないんです（笑）。

でも自分の欠点やコンプレックスがあるからこそ、それを克服するために頑張れるんだと思います。頑張って結果が出ると、自分の体が好きになる。そういうポジティブな気持ちは表情にも出ると思います。

Q5

今後、どのような女優さんに
なりたいのか教えてください!

Answer

動ける、走れる
アクション女優です

最近、ものすごくトレーニングの強度が上がっていて、時々アスリートを目指しているのかと思われてしまうんです。筋トレだけじゃなくて、トレッドミル（ランニングマシーン）で最高時速24kmのダッシュ5本とか……。トレーニングがキツイからリカバリーに3〜4日かかり週1回のトレーニング日があっと言う間に来てしまうほど。

でもこういうトレーニングをしておくと、お芝居での爆発力のレベルもアップするし、もちろん走るシーンをカッコよく撮ることができる。筋トレをしていれば疲れにくい体になるうえ、力強い動きができる。すべて女優業へと結びついています。目指すはアクション女優。だから筋トレだけでなく、走ったり、ヨガで柔軟性を高めたり、パワフルなアクションができるようにキックボクシングをしたりと、いろいろなスポーツをしています。

7-22-42
REAM D
nd ROASTED
OFFEE

ただ頑張るだけでは意味がない！
結果を出せる努力こそが自信になる。

森拓郎

対×談

高橋メアリージュン

お尻がキュッと上がっていると
後ろ姿にものすごい自信が持てます。

股関節のゆがみを発見
矯正したら脚とお尻に変化が！

高橋　森さんのところに通い始めて8年。当時、藤原紀香さんが加圧トレーニングをしているのを知って、〝加圧トレーニングをするとああいう体になれるんだ〟という軽い気持ちがスタートでした。

森　トレーニングを始めた頃は、ファッション雑誌『CanCam』の専属モデルだったので、鍛えるというよりは、しなやかな体にすることが目的でしたね。トレーニングの強度もさほど高くなくて、ストレッチなどを重点的に行っていました。

高橋　トレーニングをしていくうちに、できない種目が出てくるんです。それは強度のせいではなく、私の股関節にゆがみと硬さがあったから。

森　そうそう。股関節に硬さやゆがみがあると、体の構造上、お尻や太ももの裏側が使いづらくて、太ももの前ばかりを使ってしまうんです。反対に、裏ももやお尻を鍛えづらい。だから股関節をほぐしてゆがみをとることから始めました。

高橋　股関節をほぐしたり、ゆがみをとったりするのには時間がかかりましたが、クリアすると、どのトレーニングメニューも、目的に合った動きができるようになって。これまで鍛えづらかったお尻や太ももの裏側が引き締まり、脚のラインが変わり始めました。嬉しかったな……。タイトな洋服を迷わず着られるし、後ろ姿に自信が持てる。自信は、どこにいても自分の支えになるし、原動力にもなります。見た目が変わると、気持ちはその倍くらい盛り上がりますから。

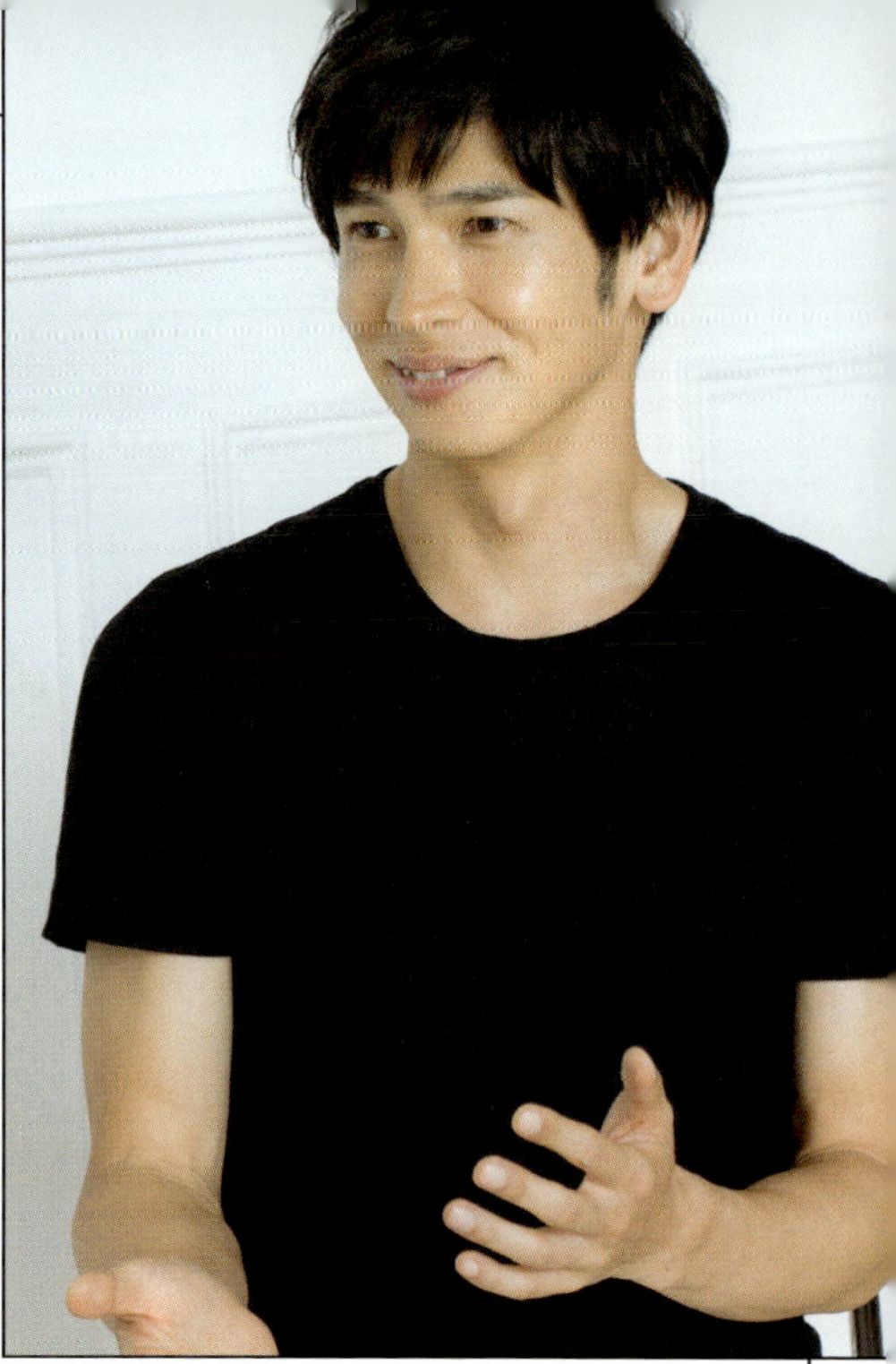

動ける、使える、疲れない美しい体づくりを目指して

森　3年前からトレーニング内容は大きく変わりましたね。彼女がモデルから女優へとシフトしたことも大きく関係すると思うのですが……。

高橋　30歳に向けて、疲れない体をつくりたいと思うようになって。この世界で頑張り続けていくために、体は資本みたいなものですから。

森　強度の高いトレーニングに耐えられるようにと、体脂肪を落として筋肉を増やして、体重を3～4kg増量しました。今では僕のクライアントのなかでは一番キツイメニューですよ。キツイトレーニングを提案すると多くの人は引いてしまうのですが、メアリーは違って、〝はい、やります〟ってもくもくとやるんです。

高橋　内心ではかなりビビッているんですけどね（笑）。でもやれば結果が出るということが今ではわかっているので、一歩でも自分の理想に近づくためにやるんです。体は疲れにくくなったし、六本木駅地下の大江戸線の階段は登れるようになったし、体のシルエットが変わりました。2016年に出演したNHKドラマ『スニッファー 嗅覚捜査官』ではいつもスキニーパンツを穿いている女性刑事役でした。2年後、このドラマのスペシャル版に出演したのですが、当時と同じ衣装だったんですよね。でもスペシャルの時に衣装のスキニーパンツを穿いたら、太ももやお尻のあたりが緩くて、シルエットも全然違って前より断然きれい！　これはまさにトレーニングの賜物だと思いましたよ。

森　そうそう、トレーニング強度を上げてからも股関節のほぐしやゆがみをとることはしていて。もしそれをせずに、強度だけを上げていたら、今頃、太ももの前側はもっとパンパンでしたよ。つまりどんなに頑張っても、その方向性が間違っていたら、それはただのマイナスの足し算。結果が出ることが本当の努力で、それが自信につながるんです。脚を細くしたいからといってやみくもにスクワットをしてもダメ。太くなった根本原因であるゆがみをとらなくては、美脚にはなれません。

高橋　本当にそうです。一歩でも前に進めるように、正しい方向で努力してスキニーデニムが似合う脚、女性になってほしいですね。

おわりに

普段から私のＳＮＳにはたくさんの悩みが寄せられてきていて、その中でも特に多いのがヤセても下半身だけヤセられない、ヤセていても脚のラインが気に入らないなどの下半身の悩みです。

下半身やせのメソッドというものはよく見かけますが、ただ下半身のトレーニングをひたすらやるだけのものがほとんど。中には骨盤矯正などが入ったものもありますが、私が大事だと思っているのは骨盤より股関節ですし、さらに膝のねじれなどまで言及しているメソッドはそう見かけません。

この本は一般的なトレーニングの内容はなるべく省き、矯正の内容を重視することで、普段のトレーニングから日常生活までの動作の質が向上することを目的としています。

著書の多さなどから、私は食事指導の人だと思われがちですが、実際、食事指導は本を読んでもらうだけ。指導のメインは正しく動くための運動の精度を高めることを最も重視しています。

私の持論は、女性の体は正しいフォームでトレーニングしてこそ美しくなるし、正しいフォームで行うためには、それができるための土台をまずつくってあげなければいけないということです。どんなに意識をしても、体がそれをできる状態になければ、逆効果にさえなるのです。

この本が、今までトレーニングをしてもなぜかどんどん見た目が悪化していくという人の助けになってくれることを心から願います。

モデル
高橋メアリージュン

STAFF

装丁・本文デザイン 木村由香利(NILSON)
イラスト ㈲彩考
内山弘隆
撮影 浦田大作
スタイリスト 松野下直大
ヘアメイク 掘 紘輔(プラスナイン)
構成 峯澤美絵
校正 深澤晴彦
編集 野秋真紀子(ヴュー企画)
編集統括 吉本光里(ワニブックス)

衣装クレジット

1. アルマーニ エクスチェンジ Armani Exchange
問い合わせ先 ジョルジオ アルマーニ ジャパン ☎ 03-6274-7070

2. ジョーズ・ジーンズ(エドウイン)
問い合わせ先 株式会社エドウイン ☎ 03-5604-8900

3. リーボックジャパン アディアスグループ
問い合わせ先 ☎ 0120-810-654

30日でスキニーデニムの
似合う私になる

著者　森 拓郎

2018年 9 月10日　初版発行
2020年 8 月20日　5 版発行

発行者　横内正昭
編集人　青柳有紀

発行所　株式会社ワニブックス
〒150-8482　東京都渋谷区恵比寿4-4-9　えびす大黒ビル
電話　03-5449-2711（代表）
03-5449-2716（編集部）
ワニブックスHP　http://www.wani.co.jp/
WANI BOOKOUT　http://www.wanibookout.com/

印刷所　凸版印刷株式会社
製本所　ナショナル製本

本書で紹介した方法を実行した場合の効果には個人差があります。また、持病をお持ちの方、現在通院をされている方は、事前に主治医と相談の上、実行してください。

動画ならびに動画掲載のページは、予告なく変更することがあります。あらかじめご了承ください。機種によっては動画を再生できないこともございます。

動画の再生には別途通信料がかかります。

ISBN 978-4-8470-9710-2